大人は「近目美人」より「遠目美人」

松本千登世

大人は「近目美人」より「遠目美人」

鈴木ハル子

講談社

はじめに

経験が教えてくれたのは自分が自分を見つめる「俯瞰《ふかん》力」の大切さ

皆さん、初めまして！　鈴木ハル子と申します。

私は、外資系化粧品ブランドの広報として、およそ30年にわたって「サラリーマン生活」を送り、このほど60歳を機に「卒業」したばかりです。

そのときどきは、目の前にある仕事をこなすのに精いっぱいでしたが、自由になる時間が増えて、改めて振り返ってみると、私にとって「仕事」は、お金をいただきながら、同時に自らを「訓練」する機会だったように思えます。こんなに幸せなことはなかったと、感謝の気持ちでいっぱいです。

広報の責任者という仕事の特性上、日々、さまざまなジャンルの人と出会い、接する機会に恵まれました。特に、携わっていたのが美容という分野だったために、幅広い年齢層の、美意識の高い女性たちに触れ合うことが多かったので、誰より美の刺激を受けてきたと自負しています。

また、私が勤務していたのは、外資系の企業だったため、外国人や、常識や価値観が異なる人たちとも、うまくコミュニケーションを取りながら、仕事を進めなくてはなりませんでした。変化の多い環境の中、ひとつのところに留まっていては、仕事にならないという日常だったので、柔軟性や発想力などあらゆる面で鍛えられました。

仕事でもプライベートでも、山あり谷あり、いろいろな経験をしました。楽しいこと、幸せなことなど、プラスの経験ももちろん、たくさん。一方で、失敗をして落ち込んだこと、迷って悩んだこと、悔しいこと、辛いこと、悲しいことなど、ネガティブな出来事もたくさんありました。ときに自分を見失いそうになったり、まわりに流されそうになったり、自分の常識や価値観が揺らぎそうになったり。こうして、たくさんの経験を繰り返すうちに、気づかされたことがあります。

それは、自分が自分自身を見つめる「俯瞰力」がとても大切だということ。

まるで高い所から見下ろすように、もうひとりの自分が、「あなた、それでいいの？」とか「もしかしたら、ほかの見方があるんじゃない？」と問いかける。厳しく「だめじゃない！」と自分を戒めるときもあれば、優しく「そうそう、その調子！」と自分を励ますときもある。決して、自己愛や主観じゃなく、あくまで冷静、かつ客観的に。そうとはいえ、人や世の中の尺度ではなく、あくまで自分の尺度で。さらには、ほかの人に起こった出来事でも「自分ならどういう気持ちだろう？」「自分ならどうするだろう？」と他人事を自分事に置き換えて考える……。そういう、寄りの目線でなく引きの目線で自分の見た目や立ち居振る舞い、思考や行動をとらえる感覚こそが、自分らしさという「軸」や「芯」をつくり上げるのだと、気がつきました。

つまり、俯瞰力を持つと、うまくいけばこれでよかったんだという自信につながり、うまくいかなければ素直にもっとがんばろうという前向きな気持ちにつながります。それが成長につながり、自分らしさが明確に見えてくる。そして、何があってもぶれない自分でいられるから、生きるのが楽になる。余裕や優しさが生まれ、まわりへの感謝にもつながり、美のスパイラルが生まれるのではないでしょうか？

真の美しさ＝遠目美人をつくるのは、小さな「気づき」と「心がけ」

私は以前から、本当に美しいのは「近目美人」より「遠目美人」と言葉にし続けてきました。ファッションや美容など見た目に関わることも、働き方や生き方など自分や人生の根幹に関わることも、自分との距離が近い「近目」だと主観的になり、長所も欠点も意外に見えなくなることがある。一方、自分との距離をあけて「遠目」で見てみると、「近目」では気づかなかった全体のバランスがわかったり、まわりとの比較ができたりと、自分を客観的に見ることができるのです。

若いうちは、両親や先生、先輩、友人など、身近な人が「メンター（指導者、助言者）」として見た目や仕事、人生の指導や助言をしてくれる場合が多いでしょう。でも、年齢を重ねるほどに、叱られることが少なくなるし、そんなふうにしてくれる立場の人も残念ながら次第に減っていくのが現実。だから、自分が自分のメンターになる。ここで言う俯瞰力とは、そういう意味なんです。

そして、言い換えれば、俯瞰力は「気づく力」そのものだと思います。

私の場合、幸運なことに、日々出会うたくさんの人々が学びをくださったので、小さなことに気づきやすかったのかもしれませんね。知らず知らずの間に、「気づきのスキル」が身について「気づき体質」になっていったのだと思います。

実は、気づくって、とても「酷」なこと。「私はどうしてあのとき、あの道を選ばなかったんだろう」と後悔の念に苛まれることもあるし、「私は間違っていたかもしれない」と恥ずかしくて顔から火が出そうになることもある。「もっと若いときに、もっと早い段階で気づいていたら」と自分を責めてしまったり。

でも、一方でこうも思います。誰もが若いうちに気づいて正しい選択ができるなら、そんなに素晴らしいことはないけれど、それでは、人の痛みや人生の機微は理解できないんじゃないかって。その年齢になって初めてわかることもある。その年齢にならないと見えないものもある。後悔も反省も含めて、人間として、女性としての深みは、小さな気づきと、もっと先の自分を目指すための心がけや努力がつくるんじゃないかって。美しさはあくまで、その結果なのだと。

私自身、この年齢になって、ようやく自信を持ってそう思えるようになりました。この自信は、過去のひとつひとつの経験の積み重ね。ポジティブなこともネガティブなことも含めて、すべてが私に必要な経験だったと確信しています。

私のまわりには、美しさの面でも生き方の面でも、「もったいない」と感じる女性がたくさんいます。ちょっとした気づきで、ちょっとした心がけで、もっと美しくなれるのに、もっと楽になれるのに、と……。

そこで、美容を中心にファッションから暮らしまで、私がさまざまな経験から得た気づきと心がけを一冊にまとめました。どれも決して大それたことではなく、日常に活かせるごくごく当たり前のことばかり。この本を手に取ってくださったひとりひとりにとって、美の気づきの一歩になりますように。心からそう願っています。

目次

第2章

「美人は洋服のパワーを味方につけている」

ファッションが楽になる

第3章

暮らしが楽になる「豊かな時間を作るのは、シンプルライフ」

第4章

「俯瞰力が大人美人を育てる」

自分も人間関係も楽になる

第1章

Beauty

美容が楽になる「近目美人より遠目美人」

ボディクリームを塗ると「なんか違う」キレイがやってくる

日常の何気ない会話の最中に、ふとした拍子に相手の腕に触れてしまった経験、ありませんか？　その感触がしっとりしていたりつるんとしていたりしたら、同性であっても、思わずどきっとさせられますよね。そして、こう思うんじゃないかしら？　あっ、この人「なんか違う」って。実はこの「なんか違う」こそが、大人の美しさを際立たせるもの。それは、自分自身にきちんと手をかけている証だから。

私は、ボディケアの目的は、何より保湿だと思っています。だから、化粧品は豪華なものや最新のものである必要はなく、シンプルな乳液やクリームでいいから、四季を通して、毎日必ずつけて、肌を乾燥させないことをおすすめします。

私がボディケアを始めたのは、20代のころ。「首から上はきちんとケアして綺麗なのに、首から下は手を抜いているのは『興ざめ』ね」という母の言葉がきっかけでした。確かに、顔と体が「別人」なのは、大人になるほどに気が滅入るものだと思います。また、まわりの女性たちを見ていて確信するのは、女性としての品や魅力は、人目に触れない部分にも手をかけて初めて宿るということ。自分自身にそう言い聞かせて、毎日丁寧にボディケアを続けています。

塗るときは、リンパの流れを意識して、それに沿うように手を動かし、第二の心臓といわれるふくらはぎは少し強めに揉みます。また、20代のころからボディケアを続けているというおしゃれな女性に「後ろから見たとき、肘にいちばん年齢が出るのよ」と言われてからは、皮膚が薄くて骨がすぐ下にあり、くすんだり硬くなったりしがちな肘や膝、くるぶしなどは、特に丁寧に塗っています。

さらに、ボディケアには、見た目では気づかない体形の変化をつぶさに教えてくれるというメリットも。毎日自分の体に触れていると、「あれっ？ 背中に脂肪が『一枚』ついたかな？」「二の腕が少し引き締まっていい感じ、運動の成果かも」など、小さな変化に気づくことができる。それによって姿勢や食事を見直したり、ますますやる気になったり……結果、太ったり緩んだりしにくいようです。

ボディチェックを兼ねたボディケア、そう意識し直すと、意外と毎日続けやすいかもしれませんね。続けられるとそのことが自信になり、見た目の輝きにもつながるのではないかしら？

特に手の老化は意外と目立つので、こまめなケアが必要だと思います。私は気になったら、（少なくても家にいるときは）どんなときでもすぐ塗るんです。喉が渇いたらお水を飲むように、気づいたらハンドクリームを塗る……そんなふうに習慣化できたら、きっと、年齢を重ねても清潔感のある手でいられるはずです。

「なんか違う」に敏感になるとゆとりができる

自分の体調の変化に敏感でない人は、社会人として未熟です。私自身、体が強いほうではないので、自らにそう言い聞かせながら、会社員を続けてきました。その間に、体調を安定させる術を少しずつ身につけてきたような気がします。

前の項目でも触れたけれど、体調をキープするために必要不可欠なのは、小さな変化に敏感になることだと思います。いつもと違う、なんだか違うという「違和感」は、体からのSOSであり、必ずや何かの前兆。まずはそれに気づいて、早めに専門家に診てもらったり、行動や習慣を見直したりするなど、小さなうちに対処をすると、大事にはならないもの。そんなふうに、自分自身と向き合うことを積み重ねていくことが、心身共に安定して過ごせる何よりの秘訣だと思うんです。そうなると、気持ちにもゆとりが生まれます。

実は、会社を辞めてしばらくしたころ、突然、眠れないほどの頸椎の痛みに見舞われました。今まで経験がなかったので、かなり動揺したのですが、検査を受けたところ、その原因はなんと「スマホ」。フリーランスになってライフスタイルが大きく変わり、パソコンよりもスマホを多用していたために、体が悲鳴を上げたのです。きっと悪い姿勢で使っていたのですね。体って正直。体調は行動や習慣と密接につながっているのだと痛感させられました。大人になるほどに、日々変わる体調の変化を繊細に感じ取る努力が必要なんだなあ、と思い知りました。

キャリアウーマンであっても専業主婦であっても、現代を生きる女性たちは、皆、忙しい毎日を送っていますよね。そのぶん、知らず知らずのうちに、無理をして疲れを溜め込んでいると思うんです。やがて疲れすぎると、その状態が当たり前になる。そうすると、見逃した小さな変化が蓄積され、気づいたときには大事になっている……なんてことにも。

だから、体からのＳＯＳに敏感になりましょう。いつも元気であるという安定感は、自分も楽になるし、何よりまわりからの信頼感につながるのではないかしら？

ときにプロに任せるとキレイの引き寄せ方がわかる

整体やエステ、ヘアにネイル……私は、ときどき、自分へのご褒美も兼ねて「プロ」の力を借りるようにしています。もちろん、毎日のセルフケアは基本中の基本。でも、プロに任せると、セルフケアの効果が高まったり、自分のやり方を軌道修正したりできるからです。

プロの力を借りるメリットはまず、自分自身がよく見えてくるということ。それまでなんとなく感じていたことが「やっぱり」と確信に変わることもあるし、一方で「えっ⁉」と驚かされるような、まったく意識をしていなかった気づきを与えられることも。どちらにせよ、「自己診断」や「自己流」の小さな間違いに気づかせてもらえるから、その結果、自分自身の力で綺麗を保つことにつながると思うのです。

しかも、プロは私たちの知らない「情報」をたくさん持っています。たとえば、肌の不調や、体の違和感など、自分が気になる「ちょっとしたこと」が、実は自分にだけでなく、まわりにも増えていると教えられたり、それらが季節や環境、ライフスタイルに起因する場合があると教えられたり。新しい知識を得ると知恵につながって、対処法に幅が生まれるもの。これもまた、自分自身の力で綺麗を引き寄せることにつながります。毎朝毎晩のスキンケアが自分との対話だとしたら、プロに委ねることは、信頼している人との会話。客観的で正確な視点が加わると、美しさの可能性がぐっと広がる気がします。

また、プロに任せて手に入るクオリティは、まさに「自分比最高」。その興奮を味わうと、セルフケアのやる気につながるし、美しさへのヴィジョンもより明確になるはず。

頻繁にじゃなくても、定期的にじゃなくても、大丈夫。一年に一度でもいいから、お金を貯めて絶対受けてみてほしい！

調子の悪いときほど、シンプルなメイクが味方になる

疲れているとき、睡眠不足や体調不良のとき。肌がどんよりとくすんだり、だらりと下がったり……。鏡の中の自分に愕然とさせられた経験、誰しもありますよね？隠したい、ごまかしたい、なんとかしたい。その気持ち、よくわかります！　でも、だからといって、コントロールカラーやイルミネーターのようなメイクアップの光にむやみに頼るのは、実は失敗のもと。それでは「メイクアップ」どころか、「メイクダウン」にしかなりません。それは、私自身が不調なとき、なんとかそれを覆い隠そうと化粧を盛って仕事に行き、鏡を見て愕然、「かえってくすみが目立ってるー」とショックを受けた経験から学んだ真実なんです。まわりの女性たちのメイクを見て、

同じ失敗に気づかされることがあります。「あー今日はそんなにがんばらないほうがいいのに……」と残念に思うんです。

メイクアップの光が映えるのは、健康な肌や生き生きとした表情があってこそ。顔にパワーがないと、化粧と自分の肌が一体化しないものです。不調なときには、コントロールカラーやイルミネーターをつければつけるほど、人工的な光だけが浮いて、かえって肌の艶が失われてくすんで見えることも。メイクアップの素晴らしい「脇役」は、不調なときに救ってくれるというよりは、好調なときの美しさをさらに増幅させるものと、失敗して気づいたんです。

そこで結論、調子の悪いときこそ、基本の「き」に立ち返って、シンプルなメイクアップに徹しましょう。

たとえば肌は、パウダーの厚塗りでカバーしたり、あれもこれもと欲張って重ねたりするのではなく、弱っている自分の顔に寄り添って、いつものファンデーション（おすすめはリキッドタイプ）で丁寧に整えるという気持ちで。

アイシャドウも注意が必要。ブラウンやグレーなど、ダークなアイシャドウは、顔がくすんでいるときには、くすみをさらに強調してしまいます。だから、色を控え、ハイライトカラーだけでまぶたを明るく整えるだけに抑えて、眉をきちんと描いたり、マスカラやアイラインで輪郭に力を与えるだけにするなど、最小限のメイクにするのが効果的じゃないかしら？

チークもあまりつけすぎず、血色を添える気持ちで、肌の色とのコントラストを強くしないで。口紅はアンニュイな色、ヴィヴィッドな色は避けて、やさしいサーモンピンクや、ピンクベージュなどヘルシーな色にするのが正解！

それから服も同じ。不調だとあれこれ選ぶ気持ちが失せるもの。そういうときは、いつもつけているアクセサリーで明るい光を足すのがいいと思います。もしできたら白のトップスを着ると、さらに効果的。ちょっとした工夫が化粧同様に顔のくすみに効きます。

不調なときをどう乗り切るかは、ちょっとした工夫の積み重ねが大切。それが「この人、素敵」と思われることにつながっていくんだと思います。不調のときの「盛る化粧」は、かえって疲れた印象、老けた印象を与えるもの。調子の悪いときこそシンプルな化粧、それが「気づける人」の綺麗の常識ではないでしょうか？

ちなみに、スキンケアも同じです。調子が悪いと、あれもこれもと欲張ってしまいがちだけど、そういうときほど、シンプルな保湿に徹するのがうまくいくみたい。いつもの化粧品、いつものステップで、肌と対話をしながら優しく癒やしましょう。私の場合、アイテムはいつも通り化粧水、美容液、クリームですが、化粧水だけ3回重ねづけします。調子の悪い肌のレスキュー策としておすすめですよ。

いつもの化粧品の中に、お守りアイテムと思える定番ものがあると、なおいいですね。ちなみに私の場合は、美容液の「ナイトリペア」（エスティ ローダー「アドバンス ナイト リペア SRコンプレックスII」）です。

美のキャッチボールは、大人のキレイだけでなく人間関係も育む

私は、誰より「気づき上手」で「褒め上手」と、自負しているんです。「この間着ていた洋服もよかったけど、今日はさらに素敵ね」「そのトップス、ブルーのスカートに合わせるともっと映えるんじゃない？」「そのピアス、表情が華やいで見えるみたい」「口紅の色、肌色がワントーン明るく映るわね」……。会社の同僚から近所の人まで、気づいたことをできるだけ具体的に口にして、相手に伝えたいと思ってます。もちろん、決してお世辞ではなく本当に思っていることを正直に。それを繰り返すうちに、他人のプラスの変化に気づくことが習慣になったみたいです。

女優やモデルなど、「見られる」職業の人は、もともと美しいのはもちろん、「綺

麗」と言われることでさらに綺麗になっていくというでしょう？　私たちも同じなんじゃないかしら？　気づかれ、褒められると、表情が輝くし、「変わったね」「いいですね」のひと言で、意識が変わり、アイディアも生まれ、さらに綺麗になる。すると、不思議と、気づかれたり褒められたりした「高揚感」を相手にフィードバックしたくなる……。これこそが、ビューティのキャッチボール。だから逆に、フィードバックが欲しいなあ、と思ったら、まずは相手やまわりを観察し、気づき、褒めるのがいちばん！　すると、知らず知らずのうちに、自分に対しても他人に対しても客観的に観察する力が養われて、「俯瞰力」が身についてくるんじゃないかしら？　こうなれば、しめたもの。人間関係もスムーズになって、摩擦が起こりにくくなると思います。

美しさのみならず、人間関係を育むビューティのキャッチボール、あなたから始めてみませんか？

いつもと順番を変えてみると、不思議とキレイがやってくる

ヘアスタイリングとメイクアップ、朝どっちを先にする？　まわりの女性たちに聞くと、圧倒的にメイクが先と答える人が多く、それが当たり前の順序ととらえているみたいですね。実は私はずっと、ヘアが先。朝、食事を終えて歯磨きをし、髪をきちんとブローしてヘアスタイルを完璧に仕上げてから、スキンケア、メイクアップの順序で行っています。それはなぜなら、ヘアスタイル＝顔の「額縁」だから。額縁である髪を最高の状態に整えてからメイクをすることで、「絵」である顔を最高の仕上がりにすることができるから。それは、髪が美しく整えられると気分が上がって、ファンデーションを少し丁寧につけてみようとか、普段と違う色の口紅に挑戦してみよう

とか、メイクアップすることがわくわくしてくるからなんです。

私たち日本女性はとても真面目で、美容もマニュアル通りにしなきゃいけない、と思い込んで、その通りに行うことに安心感を覚える傾向がありますよね。でも、ときにその思い込みや安心感が、美しさを阻んでいることがあるのではないかしら？　料理に例えるとわかりやすいと思います。ひとりひとり味の好みが違ったり、体調によって味の感じ方が違ったりするもの。どんなに優れたレシピでも、その通りにできるとは限らないし、同じ料理を誰もがいつも美味しいと感じるわけではないでしょう？美容も同様に、同じメイクアップがすべての女性を美しくするということは、ありえませんよね。料理も美容も、大切なのは「アレンジ力」。自分仕様にアジャストしたり、カスタマイズしたりして、自分が美味しいと思う味に、自分が綺麗だと思うメイクアップにアレンジしていく……その気づきと工夫が美しさの可能性を広げるのだと思います。

ちなみに、チークは最後という女性も多いけれど、実は、肌色作りの一部としてベースメイクのあとすぐに行って顔全体を元気そうに仕上げておくと、眉やアイラインに勢いが生まれることもあるんです。また、口紅を最後のステップにしている人が、逆にアイメイクの前に行うことで目元が軽やかで優しいメイクになったりすることも。ほんの少し手順にアレンジを加えるだけで、普段とはちょっと違う新鮮な表情に出会えるんです。

美容はもっと自由でいい。順序も方法も自分流でいい。そのほうがずっと、楽しいし、個性や美しさが際立つんじゃないかな？

靴が美脚を作る！姿勢や表情も変わる！幸せに導く！

「靴が脚を作る」と言ったら、大げさに聞こえるかしら？「今のあなたの脚は、これまでのあなたの歩き方が作ったもの。つまり、無理をして歩きづらい靴を履き続けると、知らず知らずのうちに、脚が太くなったり、曲がったりと、美脚からどんどん遠のきます」。東京・日本橋（当時銀座）にある『アルス ノバ NOGUCHI』というオーダー靴専門店の方にそう言われて、はっとさせられました。それまで新しい靴を買うたび足に合わず、靴を脱いで裸足で道を歩きたい衝動に駆られていた私は、「靴に足を合わせるのではなく、足に靴を合わせなくちゃいけない」と、勇気を出してセミオーダーの靴に挑戦してみることにしました。今から20年も前のことです。

そこで、「ヨーロッパの石畳を長時間歩いても疲れない靴を作りましょう」と言われ、シンプルな黒のローヒールを選択。採寸や仮縫いを経て、実際、でき上がった一足を履いてみると、その差はすぐにわかりました。どんなに歩いても足が痛くならないし、疲れない。一日中歩いた日もむくまないし、それどころか、ずっと溜め込んでいたむくみさえもすっきりとして、脚が綺麗になったような気がします。ストレスのない靴を履くと、想像以上に安定感があって、大股で軽やかに歩けるんだ！　と感動しました。そして、正しく歩けるという快適さを知ったことで、それまでどれだけ無理をしていたかを思い知らされたんです。

以来、丁寧にケアをしたり、メンテナンスをしたりして、このパンプスはまだ現役として活躍しています。美術館を訪れるときも、旅行をするときも、欠かせない存在。セミオーダーなんて贅沢すぎるかしら？　とも思ったけれど、今思えば、結局コスパもよかった。脚が疲れないことも含めて、正解だったと思っています。

もちろん、そのほかの靴を一切履かないわけではないんです。会社員時代、化粧品の発表会など人前に出るときは、華奢なパンプスを履きたいし、トレンドのフラットシューズもときどきは楽しみたい……。そういうときは、「2足使い」。セミオーダー靴を持ち歩いたり、会社のデスク下に置いておいたりして、シーンに応じてしょっちゅう履き替えていました。

美脚になりたければ、靴にこだわるのがいちばん。すると、歩きやすいから姿勢が自然と伸び、痛くなる心配がないから表情までにこやかになる。ひいては、年齢を重ねてもずっと、体を痛めることなく、健康でいられるはずです。セミオーダーに限らず、自分に合った靴を見つけてほしいと思います。

予定のない休日もメイクすると輝く時間に

休日にノーメイクですごし、何もしないまま無駄に一日が終わった……。ふだんメイクをする人なら、そんな経験、あるのではないでしょうか。それは面倒くさいから？　でも、特に予定がなくてもメイクアップをするだけで、不思議と小さな「何か」が起こることってあるんです。メイクアップは気持ちをプラスにし、やる気を出させる、女性のスイッチをオンにするという威力を持っているからなのでしょう。だから私は、特に予定がない日や家で宅配便を待つだけのときにも、近所のスーパーマーケットに行くときにも、薄くメイクアップをするように心がけています。メイクした顔でいるとやる気が出て「前向き」、そうでないとどんよりとした「疲れた」日になる。つまり、「メイクアップによって一日のクオリティが変わる」＝「メイクアップは時間を大切にすることにつながる」と考えるようになったんです。

以前、スーパーマーケットで、きちんとお化粧とおしゃれをしているご高齢の女性に遭遇したことがあります。きっと誰かのためでなく、自分自身のために……。なんて素敵なのだろう、こんな女性になりたいと感動し、私がこの方の年齢になったとき、果たしてこんなふうにできるだろうかと思いを巡らせました。誰も見ていないかもしれない、差に気づく人は少ないかもしれない、でも実際その人は楽しそうに、幸せそうに映ったし、華やぎやたしなみが感じられ、私までわくわく感に包まれました。その心地よいオーラが、ノーメイクだと生まれないコミュニケーションを生み、まわりの対応が優しくなったり丁寧になったり、確実に違いを生むと実感したのです。確かに、このだらしない私でも、お化粧をするだけでほんの少し自信が持てて、疲れていても前向きになるし、笑顔でいられる。なんてことない化粧が社会との接点を作り、顔にいい緊張感を与える、自分を応援してくれるものと気づいたのです。

若いころは、メイクアップもファッションも魅力をさらに「アピール」するもの。でも年齢を重ねるにつれ、それは失ったものを補いながら自分を高め、やる気を出させる「サポーター」へと変化していきます。自信を持って何かを乗り越えたり、普通の毎日を特別にしたりするのに確かな支えになる……。だから、休日という一日の時間を大切にするために、ちょっとメイクアップをしてみてはどうでしょう？　きっとほんの少し、違う一日になるはずです。

もちろん、疲れた体をとことん休めようとする、メイクしない日も大切ですよ。

香りは自分を励ます「お守り」

私は、18歳のころからずっと香りが大好きで、香りを欠かしたことがありません。最初の出会いは、資生堂の「モア」という甘酸っぱいフレッシュな香り。学生時代に素敵な友だちが使っていて、母に頼んで買ってもらった初めての香水でした。以来、いろいろな香りに出会いながら、つねに好みの香りをいくつか揃え、シーンや気分によって使い分けています。その中でも長年愛用しているのが、エスティ ローダーの「ピュアホワイトリネン」です。香りもメイクアップやファッションと同じで、自分らしくいるためのサポーター。同時に、大切な時計やピアスのように、つねに自分に寄り添って、節目節目で心を豊かにしてくれたり勇気づけてくれたりする「お守り」のような存在です。20代前半に、香水をつけ忘れたことに気づき、電車に乗る寸前だったにもかかわらず、わざわざ家に戻ったことがあるほど。若いときは私も、ピュアで可愛かったのだと苦笑い。さすがに今ではそこまでしないけれど、私にとっては、香水ははずせない存在なんです。

電車の中でも観劇のときにも、見知らぬ人からふといい香りが漂うと、素敵な人とはっとさせられます。香りはきっと、自分自身を高めたい、楽しみたいという、大人としての遊び心やまわりへの気遣いの表れ。自分をわかっているからこそ、できること。お化粧やおしゃれをしていると幸せそう、楽しそうと思わせるのと同じで、香りを纏っている人が、老若男女問わず、とても素敵に映るのはそのためだと思います。ただ、同時に香りは注意も必要です。30代半ばのころ、こんな失敗をしました。会社の先輩と一緒に立ち寄った有名なお蕎麦屋さんの女将《おかみ》さんに「香りが強いからお蕎麦の風味が台無しになるので、今日はご遠慮ください」と言われたことがあります。それもそのはず、新しい香水が発売されて、ふたりとも喜々としてシュッシュシュッシュとたくさんつけ過ぎててしまったんです。大いに反省しました。また、友人と映画を観に行ったとき、見終わったあとで友人に私の香りが強すぎて、「観ている間中、苦しかったよ。息を止めたかったくらい」と言われたことも。大好きな香りだからと少し濃厚だったにもかかわらず、映画をみる直前に吹きつけてしまったからです。このような失敗で、香りにマナーが必要であることを教えられたのはもちろん、「自分さえよければ」ではなくまわりのことも考えなくてはいけないという教訓を得ました。

以来、私は、TPOを意識するようになりました。狭い空間での会議があるときや、食事、特に和食をいただくときは濃厚なものを避けたり、4~5時間前につけたり、ハンカチに忍ばせておいたり……。一日の行動を考えてシミュレーションして香りを身につけるようになったんです。そういう気遣いを忘れなければ、香りもサポーターとして味方になり、自分らしくいられるツールになるはずです。

メイクもスキンケアも「無意識」でやるのはもったいない！

スキンケアもメイクアップも、年齢を重ねるほどに義務になったり惰性になったり。毎日、無意識のうちに行っている人が多いのではないかしら？　ちょっときびしい言い方だけど、ただ漫然と、化粧水やクリームをのせるだけ、色を重ねたり線を引いたりするだけでは、どんなに優れた化粧品を使っても、綺麗になれません。その人の心意気があってこそ、肌と化粧品が一体化して、綺麗になれるのです。いつもは無理でも、ときには美容を丁寧にと意識していないと、どこか雑な印象になると思うんです。意識して自分をよく観察し、気づきを重ねることで、化粧品の効果を上げてくださいね。

だからと言って、たくさんのアイテムを重ねなくてはいけないとか、アイシャドウを何色も使わなくてはいけないとか、そういうわけではありません。ここで言う意識とは、ステップは最小限でいいから、ひとつひとつのステップの意味や効果をきちんと感じながら行うということ。すると、薄化粧でも不思議と「丁寧な顔」ができあがります。

特に、メイクアップをするときは、自分のスイッチがオフからオンにカチッと変わる、すなわち「ポジティブ・チェンジ」できるポイントを見逃してはいけません。私の場合、それはファンデーション。眉やアイラインという人もいれば、口紅やチークという人もいるでしょう。それをまずは発見して、そこだけでも毎日毎日意識しましょう。すると、どんなに朝、時間に追われている中でメイクアップをしても、その心意気が顔に出るはずですから。

美容においても「俯瞰力」は不可欠です。特に、年齢を重ねると、誰しも自分の現実から目を背けたくなるもの。ただ、それをきちんと認めて乗り越えないと、大人の綺麗は手に入らないと思います。普段から自分をよく俯瞰で観察して、微妙な差や変化を感じて、気づきと工夫を重ねる人が綺麗になれるのだと思います。つまり俯瞰力は美しさを生んでくれるのですね。たとえば、シミやシワのある自分を見つけて悩むより、潤いや艶へと視点を切り替え、丁寧なスキンケアで潤いを与えたり、パウダーで艶をたしたりしたほうがいいとわかる、といった具合に……。

ないものや失ったものばかりに目を向けて執着したり、老化のサインを必要以上に悲しんだりしないで、俯瞰力で新しい美を作っていきませんか？

口角上げながら！その習慣がハッピーを運んでくる

私は、スキンケアやメイクアップを行うとき、口角を上げるようにしています。幸せな肌を、幸せな顔を、幸せな気持ちをイメージしながら、鏡でその表情を見て行うと、脳がいい意味で勘違いをして、仕上がりが大きく変わってくるような気がするのです。口角を上げるだけで、クリームをなじませる手の動きが変わる、口角を上げるだけで選ぶ口紅の色が変わる……すると、幸せホルモンが溢れて、美しさが増していくんじゃないかと期待しながら。

口角が下がっていたら……？　逆も真なり。だから、どんなに落ち込んでいても疲れていても、鏡の前では、意識をして口角を上げる。表情もスキンケアやメイクアップの一部なのですから。

実は、私が口角を意識するようになったのは、小学5年生のとき。近所のおばさんが、あるとき私に、「ハル子ちゃんって、口角が上がってるわね。いい相をしてるから、きっと、幸せになるわよ」とほめてくださいました。あとで母にその意味を聞いて、ああ、口角を上げるってことは笑顔になることだから、幸せにつながるんだと子供心に理解したんです。常に口角を上げるって、むずかしいことですよね。だから私は未だにそのシーンを思い出しながら、口角を上げると何かいいことがあるかなと期待して、いつも意識しているんです。

笑顔のすてきな人になりたいですね。

目指すべきは、近目美人より遠目美人

私たち日本人は、年齢を問わず、なぜかディテールに目を向けがちですよね。このシミが、このシワがと気を遣うわりには、全体像を見ていない人が多い気がするのです。実は、ディテールを気にしているのは、自分だけ。まわりはあなたをもっと、遠くから眺めているものです。

どんなに完璧で美しいメイクアップをしていても、全体のバランスが悪く見える服を着ていたり、膝を曲げて歩いていたりする人は、正直、大人の女性としての魅力を感じないことも。一方で、全体のバランスが格好いい人は、姿勢もよくて、顔と体のバランスだけでなく、心も整っている証なのだと思います。そんな遠目美人こそが、本当の美人ではないかしら？

もちろん、綺麗になるためにシミやシワを目立たなくするのは大事だけれど、そんなことをちまちま気にするより、もっとダイナミックに全体を見て美を構築できる人のほうが、断然素敵だと思います。そのためにも、メイクアップは三面鏡でいろいろな角度で顔を見ながら行うこと。そして、全身鏡で見て、ファッションやヘアスタイルを含めた全体像の中でのメイクアップを確認すること。大人は、近目美人より遠目美人を目指しましょう。

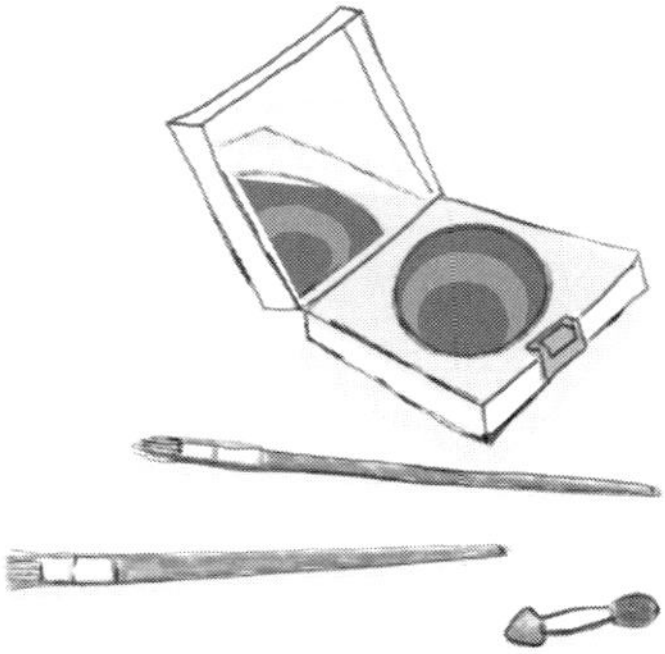

Column 1

楽にキレイになる 毎日の美習慣

Skincare

自分が楽になる**スキンケア**

摩擦のない、肌の美習慣

今日はがんばってスペシャルケアしよう、
今日は面倒だから手を抜こう……
やったりやらなかったりでは決して綺麗になれません。
毎日きちんとスキンケアをして
積み重ねていくことで綺麗は育つもの。
料理を毎日する人のほうが上達するのは、
いつもしているから。
着物だって着慣れている人のほうが綺麗でしょう。
それと同じ。毎日毎日、きちんと行いましょう。

洗顔・クレンジング

肌質を変えるほど重要

洗顔やクレンジングは、肌質そのものを変えてしまうくらい、大切なもの。また、クレンジングはマッサージではありません。クレンジング剤でマッサージをするように時間をかけてなじませる人がいますが、これは大間違い。肌上に汚れが残っているまま、むやみにごしごしこすると肌を傷つけます。なるべく力を入れず、汚れとなじませたら、こすらないようにすぐに拭き取ったり洗い流したりしましょう。摩擦はお肌にも人間関係にも一番よくないものです！

同じ理由で、拭くときも、優しく。タオルは清潔なものを使い、優しく押さえるように水分を拭き取ります。ごしごしこすると、摩擦が肌をいため、乾燥やシミの原因になります。

朝はぬるま湯で十分

私は朝は洗顔料を使わず、気持ちいいと感じるくらいのぬるま湯で洗い流します。大人の肌は、表面に残った夜のスキンケアを洗い流す程度で十分です。

ポイントメイクアップリムーバーは慎重に

ポイントメイクアップリムーバーは便利ですが、使用後に乾燥が気になる場合は、アイメイクや口紅も、通常のクレンジング剤を使って丁寧に落としてみましょう。もちろん、個人差があるので、メイクの濃さや肌の状態に合わせて、判断しましょう。

化粧水▼美容液▼クリーム

化粧水はコットンでも手でも

私は、気分によって、気持ちいいと感じられるかどうかを基準に、コットンと手を使い分けています。コットン使いは化粧水をまんべんなく行き渡らせますが、使い方を間違えると、たたいたり引っ張ったりして肌をいためることにも。少しでも不安なら、手で優しくつけましょう。

乾燥には、化粧水を重ね使い

化粧水は、通常は適量を１回使用しますが、乾燥していると感じたときには、２回、３回と重ねます。一度に多めに取ると、肌に収まらず、余計に肌をこすってしまうことにも。適量をなじませては重ねる、なじませては重ねる、を繰り返すのが理想。肌にぴたっと収まって手が留まるようになるのが、化粧水が肌に入った証です。

手のひらで温める

美容液やクリームは、手のひらで温めてから、両手一緒に肌にのせ、なじませます。するとむらなく均一に塗ることができます。肌の上でのばそうとすると、引っ張ったりこすったりすることにつながり、肌をいためます。細かいところは指でなじませます。

耳たぶ、首、デコルテまでが顔

クリームのみならず、それぞれのステップで、顔につけ終わったら、必ず耳たぶや首、デコルテにものばしましょう。首の後ろ、耳の後ろが意外と乾燥しているもの。

ときどきは肌にご褒美を

ベーシックケアを丁寧に行えば、スペシャルケアは頻繁にする必要はありません。私は、乾燥がひどいときやリラックスしたいときに、ときどきシートマスクをする程度。特に寒い冬には、冷たいまま肌にのせると肌がびっくりするので、お風呂に入りながら湯船で温めてから使用します。

Makeup

自分が楽になる**メイクアップ**

大人は「ほわっ」とメイクを

自分に似合う色は、メイク本では決してわからないもの。
見つけるのは至難の業です。
だからこそ、その分楽しい。
似合う色に出会うと自信になり、表情も生き生きするのです。
メイクはもっとも日常的に、手軽に、そして誰でもできること。
わくわくと胸をときめかせながら、毎日メイクを楽しみましょう。
大人のメイクは「ほわっ」と見えるのを目指しましょう。
それはすなわち、若々しく元気に見える、
生き生きとみずみずしく見える、
素敵に見えるということなのですから。

ほわっと
ね

ほわっとポイントはチーク

「ほわっ」と見える色

チークもファンデーション同様、色選びが重要です。パールが強いものやダークなものは、シミやきめの粗さなどを目立たせるので避けたほうが無難です。選ぶ基準は「ほわっ」と見えること。元気そうに見える色を選べば、間違いありません。

影より輝きを作る

チークは、シャドウを入れるのではなく、頬のトップに輝きを作るほうが大事。そのほうが綺麗に見えます。

ブラシにこだわる

チークにはできるだけ上質なブラシを使いましょう。化繊のものだと、摩擦によってシミや赤みなどのトラブルにつながることがあります。ブラシはきちんとお手入れすれば、一生持つので、自分自身へのご褒美としてよいものを手に入れましょう。

肌作りの一部として

チークを最後につける人も多いようですが、肌色の一部として頬を先にメイクすると、印象が元気そうに見えるので、眉やアイラインなどのバランスが取りやすい場合があります。

Makeup

ほわっとメイクにはふわっと眉

失敗のないパウダータイプで

自信のない人でも失敗しないのは、パウダー。ブラシを使って、「ふわっ」とのせるように描きます。ただし、毛が少ない人は、ペンシルを使って毛一本一本を埋めるように書きます。「ペンシル＝書く」「ブラシ（パウダー）＝描く」のイメージで。

ほわっとさをプラスする、アイシャドウ、リップ

上質なブラシを使う

アイシャドウもチーク同様、上質なブラシを使ったほうが、綺麗に塗ることができます。料理が包丁次第、裁縫がはさみ次第と言われるように、道具はテクニックのうちのひとつです。

リップライナーがかぎ

リップライナーは、口角を上げて顔全体もリフトアップしてくれる大人メイクに欠かせないアイテムです。輪郭を描いたら、口紅かグロスで埋めます。特にグロス単独だと、大人の場合はラフになりすぎて疲れて見える場合があります。グロスで艶やかな唇を楽しみたいときは、リップライナーで輪郭をきちんと縁取ってから。また、色もアンニュイなベージュは不健康に見える場合があるので、ある程度色のあるものがおすすめです。

リップの濃い色は、特に慎重に

大人になると、肌がくすむ分、濃い色とのつき合い方が難しくなることも。自分の肌のトーンに合っていれば清潔感が増しますが、そうでないと疲れて見えたりだらしなく見えたり。歯の色や白目の色まで引きずられ、濁ったり澱んだりくすんだりして見えることもあります。チーク同様、口紅も、自分の全体の印象を「ほわっ」「ふわっ」と見せるかどうかを基準に色選びをしましょう。

Makeup

ほわっとキープのために。化粧直し

元気さを補う

大人の化粧直しは、「崩れる」より「落ちる」ととらえて、補う発想で行いましょう。通常であれば、午後３時くらいにチークと口紅を足すくらいで十分。もし、ファンデーションが落ちて、元気に見えないようであれば、パウダリィファンデーションをさらりと補います。

日中スキンケアも大切

乾燥していると感じたときは、日中にスキンケアを足すことも必要です。クリームを手のひらに取り、十分にこすり合わせて透明な状態にしてから、特に乾いている部分を覆うように丁寧になじませます。すると、乾いて目立っていた目尻のシワや法令線が目立たなくなるし、艶感が増して、生き生きと見えます。日中スキンケアは、メイクを直す前に行いましょう。

実はスキンケアになる**表情ケア**

美の土台を作る表情ケア

美しさをキープするために、スキンケアはとても大切。
メイクアップももちろん大切。でも、その土台を作るのは、
表情ケアだと思います。表情ケアとは、肌のもっと奥の
「血流」や「筋肉」、顔の皮膚と一枚でつながっている
「頭皮」などに目を向けたケアのこと。ただ単に肌表面だけを
とらえるのでなく、包括的に美しさを考えることです。
表情ケアを続けると、疲れ印象や老け印象がリセットできます。
気づいたときが始めどき。できることから毎日続けましょう。

表情ケア

口まわりのエクササイズ

私は、パタカラという歯科医師が発明した医療器具を使って、口の体操をしています。15年くらいやっています。器具を歯と唇の間に入れて引き締めて3分間。顔のたるみや、唇のゆるみを防ぎます。本来は一日４回が理想と言われていますが、私は、夜寝る前に1回、丁寧に行っています。

蒸しタオルケア

お風呂に浸かるとき、蒸しタオルを顔にのせて血流をよくします。とても綺麗な、友人のお母様に教えてもらい、以来週３回程度行っています。

スカルプケア

私は、ジョジアンヌ・ロールのスカルプケア、ヘアケアを行っています。洗髪前にエッセンスで頭皮を活性化させてから、シャンプーで洗浄します。そのあとローションでpHを整えてから、トリートメントで潤いを補うという４段階。ときどきサロンでヘッドスパを受け、スペシャルなケアもしています。

スイカマッサージ

あるお医者さんにおしえていただき、頭をマッサージするようになりました。自分の頭をスイカに見立て、縞模様をイメージしながら、それに沿って下から頭頂部に向かってマッサージします。血行がよくなり、すっきり。頭皮を柔らかく保つことができ、顔のたるみにも効果大です。

目洗い

朝、私は洗顔のときに、生理食塩水で目も洗っています。ひと肌くらいのぬるま湯に目が痛くならない程度の食塩を入れ、片目につき、コップ1杯分を使って目をぱちぱちさせて洗います。疲れたときは、夜も行います。そうすると目がすっきりするのです。

第2章

Fashion

ファッションが楽になる「美人は洋服のパワーを味方につけている」

うまくいかないとき、救ってくれるのは「おしゃれ心」

「人生がうまくいかないときこそ、『おしゃれ心』を持ちなさい」。これは、母がくれた、私をずっと支えてくれている言葉のひとつです。

失敗して落ち込んだとき、思い通りにいかなくて辛いとき……仕事でもプライベートでも、誰しも経験があるでしょう。そんなとき、気力も体力も落ちて、おしゃれどころではなくなりますよね。その気持ち、私もとてもよくわかります。洋服も化粧品も、それ自体がパワーを持っているもの。身に着ける私たちも、同じようにパワーを持ち、元気な状態じゃないと、買うことはおろか纏うことさえも億劫になるということが起こります。

ただ、だからといっておしゃれをないがしろにすると、女として落ちるところまで落ちてしまうと思うのです。メイクアップもヘアスタイルも適当でいい、洋服も靴も楽がいちばん、どう見られてもいい……それでは、肌も気持ちもどんどんくすんで、さらに落ち込んだり、辛くなったり。そしてもっと、見た目などどうでもよくなる……こうして負のスパイラルに陥るのです。

不調が続いてどうもうまくいかないなあと思うときには、少し無理にでも、部分的にでもおしゃれをがんばるといいと思います。お気に入りの一枚を羽織ってみる。好きな香りを纏ってみる。髪型を変えてみる。思い切って、明るい色の口紅をひと差ししてみる。そうすると、ささやかかもしれないけれど、それが灯《ともしび》となって、次第に人生が上向き始めるということが起こるんです。おしゃれ心もまた、女性を支えるサポーター。味方につけない手はないでしょう？

「今日も違う」より「いつも同じ」ほうがおしゃれは本物

洋服をたくさん持って、毎日取っ替え引っ替え、いろいろなファッションを楽しむ人がおしゃれというわけではありません。なぜなら、自分に似合うものを毎回着ているとは限らないから。また、モードがおしゃれで、トラッドは遅れているというのも、違います。大切なのは自分に似合うかどうか。それがポイントです。

自分らしくいられるもの、安心できる着やすいもの、そして何より自分を美しく見せてくれるものがわかっている人が本物。つまり身に着けるものを通して「自分はこういう人間です」と自信を持って言えることが真のおしゃれだと思って、私はそれを目指してきました。

私は、どちらかというとトラッド派。10代のころからファッションの方向性があまり変わっていません。若いときは、職場の年上の女性に「私でも着られそうな洋服ね」と声をかけられたこともありました。大人っぽいと言われたり、地味と言われたりして、何か間違っているのかしら、と思った時期もあったけれど、年齢を重ねるにしたがって、次第にこれがもっとも私らしくいられる「スタンダード」だと確信できるようになったんです。

自分のスタンダードが決まっていると、夜のパーティには、チークを足したり、アクセサリーを足したりして華やかさを加える、オフのお出かけなら、肌をヌーディに仕上げたり、ボトムをパンツに替えたりしてカジュアルに仕上げるなど、相手との距離感を考えて見え方をコントロールするだけでよくなる。どんなシーンでも、あくまで自分自身の好きなものの延長線上。イメージがドラマティックにコロコロと変わるのは私らしくないと思っているからです。

よく「また、去年と同じような洋服を買ってしまった」とか「クローゼットの中が代わり映えのしない洋服ばかり」と嘆く人がいますが、それはその人らしいスタイルが確立されている証。むしろ、自信を持つべきです。

いつも同じ印象で素敵に見える女性のほうが大人としておしゃれだと思いませんか？　おしゃれの定義をちょっと見直せば、自分らしい着こなしでいいんだ、とファッションが楽になるんじゃないかしら？

洋服の旬のパワー新しさのパワー

「ああ、バーゲンで買えばよかった！」。シーズンの最初に買ったものが、バーゲンで半額になっているのを見て、ショックを受けた経験、ありませんか？　そんな愚痴を漏らした私に、以前、母はこう言いました。「洋服はね、正規の値段で先駆けて買うことで、それだけシーズンを長く楽しめるってことなのよ」。目から鱗が落ちる思いでした。洋服はシーズンを楽しむためにある。洋服は私たちにパワーを与え、輝かせるためにある。もちろんバーゲンを上手に利用するのもおしゃれのひとつだと思いますが、そういう洋服の旬のパワーも大切にしたいと思うのです。

私は、新しいもの、旬のもののオーラは、何より女性を輝かせると信じています。もちろん、ずっと長く愛用しているお気に入りもたくさんありますが、それには必ず、新しいものを合わせるようにしています。特に、スカーフやストール。トラッド派の私は、トップスもボトムも色も形も割とベーシックなものが多いので、スカーフだけは毎年新しいものを買って、首元に巻き、そのオーラをもらいます。スカーフの柄は、その時代の気分が顕著に反映されているので、それだけで今年らしい着こなしになり、垢抜ける気がします。スカーフ一枚のことで今年っぽさを出せる、とてもおすすめのアイテムですよ。

それとね、新しいものに触れると、それまでのものが急に古く感じられることがありませんか？　新しいものを通して、それがオーラを持っているのかそうでないのかが、わかるからなんです。

ものを大切にするのと、執着するのとはまったく異なります。でもオーラを感じないなら、新しいもの、旬のものに頼ってみるのはどうかしら？

ちなみに、メイクアップも同じこと。毎シーズン、ドラマティックに変えたり、毎日ころころと変えたりする必要はありませんが、自分らしいナチュラルなメイクアップをベースに、トレンドのアイテムや色、質感を少し加えたり、眉の描き方、アイラインの入れ方などを少し新しくしてみたり……何かひとつでも新しさを取り入れると、思いもしなかった自分の顔が見える場合があります。そうしたらしめたもの！

ベースの自分はそのままで、ファッションやメイクアップに新しさを取り入れる、そのオーラが自信につながり、肌が、表情が輝くはずです。自分を楽に輝かせるやり方じゃないかしら。

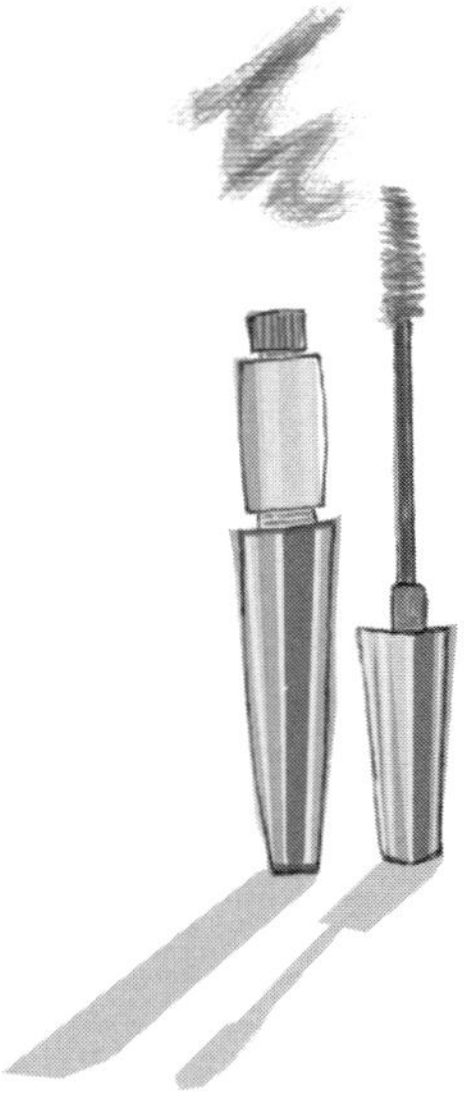

「着る服がない！」ストレスから解放される

多くの女性たちは、服をたくさん持っているのに、よく「着る服がなくて困るんです」と言います。着る服＝自信を持って出かけられる服。それがないということは、自分自身が変化して、今の自分に合った旬の洋服やアイテムを身に着けていないからじゃないかしら？

前項でも触れましたが、ブランドものだから、高価だったから、思い入れがあるから……どんなにお気に入りでも、洋服が古くなるのと同じペースで私たちも年齢を重ねているので、残念ながら、買ったときは似合ったものが、今は似合わなくなっているということが必ず起こりますよね。そんなときは、以前のものに執着せず、ちょっと違ってきた服をそっと手放すことで、気持ちも楽に、ファッションも楽にしましょう。それはバンバン捨てて、どんどん新しいものを買う、ということではありません。「着る服がない！」と言いたくなるときは、クローゼットに「違ってきた」服が多くなってきたかな、と認識することが大切なのです。

そんなときは、新しい旬の服を取り入れて、自分にパワーチャージしましょう。今のあなたにいちばん似合う、あなたを最も輝かせる服は、自信を与えて、高めてくれるから、その日のクオリティが格段に上がるはず。

ちなみに、クローゼットが整理できているかどうかも、大きく影響しているのではないかしら？　季節の変わり目があいまいになったり、シーズンレスのアイテムが増えたりして、「衣替え」が難しくなっていると感じますが、できるだけその季節に着ないもの、使わないものをしまってクローゼットのスペースを確保するように心がけること。そうすると迷ったり探したりすることが減って、「着るものがない」という悩みから解放されるかもしれません。

前日に着こなしを決めておくと、人生が上向く!?

明日はあのトップスとこのボトムを合わせて、あのバッグにこの靴……。昨晩、なんとなく頭の中でシミュレーションしておいたはずなのに、朝洋服を着てみると「あれっ?」しっくりこない。それからああでもないこうでもないと格闘が始まり、結局混乱して、着こなしに自信のないまま出かける。すると、遅刻しそうになるから、もっと焦って、結局不本意な一日になる……。私は、それが嫌で前日に洋服から靴まで、翌日の着こなしを決めておくようにしています。頭の中で考えるだけでなく、できるだけ実際に上下を揃えてビジュアルで確認をするようにしています。

想像は、多くの場合、自分の都合のいいように考えているものです。カーディガンの丈が思ったより長いとか、ブラウスの襟開きが思ったより詰まっているとか、スカートのシルエットが思ったより台形だったとか……。頭の中では大丈夫だと思っていたものが、実際に合わせてみるとちぐはぐしているなんてことがありませんか？　下着との相性もそう。だから、あまりに自信がないときは、実際に着てみることもあります。

私の場合、忙しかったり、疲れていたりして、前日にそれができないと、その翌日、うまくいったためしがありません。しっくりこない服で出かけると、気持ちが落ち着かない、散漫になる。すると、「誰にも会いたくない」「早く帰りたい」……。そんな一日になるんです。以前、打ち合わせがある日にどうも落ち着かなくて、デパートに洋服を買いに行っちゃおうかな？　と思ったことがあるくらい。この気持ちを味わいたくなくて前日にきちんと服を決めるようになったんです。年を重ねてさらに用心深くなったような気がします。

翌日の洋服を決められないのは、心身共に疲れている証拠とさとったので、今では、それが健康のバロメーターにもなっていて、もし疲れていると思ったら、なるべく早く寝るなど、しっかりと心身を休めるようにしています。

会社員だったころ、「どこにも行かないから楽な服装にしよう」とか、「目上の人に会うからきちんとした格好をしよう」とか、そのような発想ではなく、仕事柄いつどこで誰に会ってもいいように、つねに同じテンションで洋服選びをしていました。何も予定のない日に「今日は、何かあるの？」と褒められることもあれば、逆に、大切な人との食事を楽しみに、いつもより丁寧に準備をした日には何も言われなかったりすることもありました。それくらい、いつも同じ印象でいることを、心がけていたのかもしれません。そのように心がけることによって、心にほんの少し余裕を持って、一日を過ごすことができました。

前日に準備をするのは、何も、ずば抜けて格好よくしたいとか、すごく素敵と褒められる格好をしようとか、そういう理由じゃないんです。あくまで、私らしい、気持ちいい、と自分が納得するファッションで一日を送りたいと思うから。自分自身が納得していない、つまり自信がないとき、まわりにはその印象がどう映るんだろう？と気になります。そんな気持ちで過ごす一日は、やっぱりもったいない、そう思いませんか？

振り返ってみて改めて確信します。朝の余裕は、一日の余裕につながります。そんな一日一日の余裕が積み重なって、人生の余裕につながるのです。前日に着こなしを決めておくだけで、人生が変わるとしたら……。準備を半日早めるだけ。誰にでもできる、人生を上向かせるシンプルな習慣に違いありません。

洋服に優しく。洋服パワーをキープする

私は、基本的に、ショルダーバッグを持っていません。たとえ、ストラップがついていて肩にかけられる仕様でも、手で持つようにしています。ほんの一瞬たりとも肩にかけることはためらうくらい。それはなぜなら、肩にかけると洋服の肩のラインが崩れるから。そして何より、その摩擦で洋服が傷むような気がするからです。いずれにせよ、「洋服がかわいそう」と思ってしまうんです。このことをある方に話したら、その方はバッグを腕にかけて洋服にシワが寄るのが嫌で、必ず肘を伸ばして手で持つそうです。一枚上手な人がいるんだと思いながら、同じように洋服に優しい気持ちを持つ人がいて、嬉しくなりました。

同じ理由で、洋服をかけるハンガーにも、こだわっています。立体的に作られていて、まるで人が着ているかのように肩のラインを崩さないものを選ぶようにしています。また、クローゼットの中も余裕を持たせ、一着一着の間隔を空けて、収納しています。だから、レストランやサロンなどに行ったとき、コートを無造作にかけられると、つい直したい気に駆られるし、クリーニング店のハンガーにかけっぱなしにするのはもってのほかだと感じます。ヘアサロンなどで肩や背中のマッサージをしてもらっている間も、内心ハラハラしながら受けています。実は昔、カシミヤのセーターをマッサージの摩擦で傷めてしまった苦い経験があるんです。すべては洋服を傷めたくないという気持ちからなんです。

それもこれも、できるだけ長く洋服に新しいままのオーラを保ってほしいから。それがひいては、自分自身のときめきにつながるから。私はちょっと洋服に関しては神経質すぎるかもしれませんね。ただ、洋服ブラシなんかでお手入れすることは苦手です。やっぱりすべて完璧になんてできません。できるところだけこだわっています。完璧は、楽じゃないし楽しくないでしょう？

それとね、洋服を傷めないように着ることは、姿勢を正すこと、丁寧に暮らすことにつながり、いつか見た目の品格につながる、と思って楽しみにしているんです。

いいものを身に着けて「なんか違う」を感じる

私は、大切な外出のときには、ストッキングやタイツを、『ウォルフォード』と決めています。確かに、高価。手軽に買えるものではないけれど、実際に身に着けてみると、価格の差は歴然。着心地がよく、脚が綺麗に見える、すると背筋が伸び、歩き方までエレガントになる……。そう、「なんか違う」のです。

私の場合は特に、肌に近いものほど、気持ちを高めてくれる効果があるのを感じています。だから人目につかない下着なども、できるだけこだわりたいと思っているんです。

必ずしも値段がすべての基準とは限りませんが、ときにはがんばって高い洋服を着てみると、スタイルもよく見えてきます。そしてその心地よさやシルエットが、それまで着ていたものとの違いを気づかせてくれる場合もあります。質のいいものを知ることも、大人としてのたしなみといえるかもしれませんね。

もちろん、できる範囲で構いません。「なかなか買えないけど、あれ、いいよね」「今は買えないけど、いつか手に入れたいと憧れているの」……そんなふうに言える大人は、とても素敵だと思います。

顔が老けて見えない スカート丈を知ると ファッションが楽に

その何気ないスカート丈が、顔を老けさせることがあるって知ってますか？　私の場合は、膝が少し隠れるくらいの丈がすっきりして若々しく見えます。それより短くても、長くても、印象がぱっとしない……年齢を重ねながら、トライ&エラーを繰り返して導き出した、今の私の「ベスト」です。

もちろん、長いほうが若々しく見える人もいるし、短いほうが軽やかに見える人もいます。脚が綺麗だから短い丈で見せたほうがいいとか、太いから長い丈で隠したほうがいいとか、法則はそんなに単純ではありません。しかも、年齢を重ねるほどに、見え方は少しずつ変わることがあります。だから、その都度自分で全身鏡を見て、顔の印象や全身のバランスがどう見えるかを観察し、「自分の丈」を見つけること。大人は、自分の着こなしにそれくらいシビアにならないと、年齢による劣化に負けて、「美の迫力」が生まれないのです。

スカート丈だけではありません。たとえば、ジュエリー。よく、年齢を重ねると大振りなものが似合うようになると言われますが、それは、失われた輝きを補うのに適しているため。若いころ似合っていた華奢なものでは、年齢感に負けてしまうのです。ただ、だからといって、あまりに存在を主張しすぎるものでも、迫力が間違った方向に行って、派手になってしまうことも。これもひとりひとりの個性や年齢で見え方は変わってくるので、トライ&エラーが必要です。

私の場合は、以前は大好きだったゴールドが数年前からしっくりこなくて、シルバー系や白系のものに惹かれるようになりました。そして、吟味した結果、華奢すぎず、大振りすぎず、絶妙なバランスのものが、自分をいちばんフレッシュに見せることに気がつきました。

もし、自分ではよくわからないのであれば、家族や友人、同僚など、まわりの人たちに「褒められる」経験を参考にしましょう。年齢を味方につけるためには、何事もトライ&エラーが必要。テレビや雑誌に出ている一般的なルールだけでは、自分に似合うものは見つけられないし、ファッションは決して楽にはならない。美の迫力は自分で身につけるしかないのです。

第3章

Life

暮らしが楽になる

「豊かな時間を作るのは、シンプルライフ」

お気に入りの香りを手紙に忍ばせて、思いを伝える

手紙を書かない時代になりましたよね。メールが当たり前になってからというもの、そのほうが便利で手軽、おまけにスピーディととらえる人が増えたし、手紙を書こうにも、頻繁に会うのに住所を知らないという場合もあります。とても寂しく感じます。

昔から手紙を書くのが大好きな私は、今という時代だからこそあえて、思いを伝えるのは、できるだけ手紙にしたいんです。直筆の文字のほうが、ずっとストレートに気持ちが届くのじゃないかしら?

そして、私は手紙を送るとき、お気に入りの香りを便箋や封筒に忍ばせるようにし

ています。10代のころから、一度も欠かしたことがありません。実際、最後の便箋の裏面から文字がにじまないように配慮しながら直接吹きかけたり、空中にしゅっとワンプッシュして香りのミストを作って便箋をくぐらせたり……そうすると、相手に届いたときに、開けた瞬間いい匂いがするのです。いつも自分が纏っている香りを手紙に込めれば、嗅覚で思い出してもらえたり、イメージを広げてもらえたりするのでは、という気持ちです。

他愛のない内容でも、たったひと言でも、香りを忍ばせて手紙を送ればきっと、相手に思いが伝わり、印象に残るはず。大人の女性ならではのたしなみといえるでしょう。封を開けたらとてもいい香りに癒されました、などとうれしい感想を伝えてくださる方もいます。

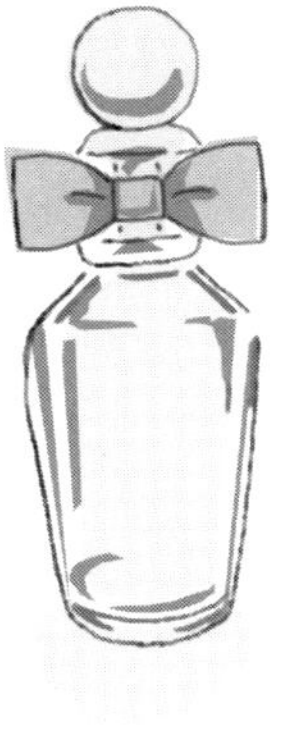

枕カバーを替える気持ちよさ

私は、枕カバーを毎日取り替えています。そうすると、寝室の空気が浄化されて、暮らしに透明感が生まれるような気がします。毎日毎日、自分の気持ちをリフレッシュし、濁らせないために欠かせない習慣です。替えないより替えたほうが気持ちいい、「替える気持ちよさ」が「替えない気持ち悪さ」に気づかせてくれて、その差が活力になり、自信になり、すべてが積み重なって、やがて自分自身に返ってきていると思うのです。

しかも眠りの質には「触感」が大きく関わっていると聞いたことがあります。枕カバーは顔が直接、しかも長い時間触れているものです。だから毎日太陽の光に当ててぱりっとした質感に整えられた枕なら、眠りの質は明らかに変わるはず。また、私は、枕カバーにも、自分のお気に入りの香りを纏わせています。眠るときのリラックス感、目覚めたときのリフレッシュ感が得られて、睡眠の質が上がるように願いをこめて。

考えてみれば、枕カバーは「下着」のようなもの。肌に毎日直接触れるものです。上質なものを選んで、清潔に保つのは、大人の女性としての身だしなみですね。

私は、夜、髪を洗いますが、「朝シャン」派の女性たちは、なおのこと、枕カバーを毎日替えることをおすすめします。それはなぜなら、一日を過ごした髪には、目には見えないけれど、皮脂や汗だけじゃなくて、大気汚染物質もまとわりついているから。そう考えると、枕カバーもその汚れがついているはずで、毎日替えたくなりませんか？　気持ちいい毎日を過ごすための新習慣にしましょう。

花を一輪。手間の倍返しでパワーがチャージされる!

私は、自宅に花を欠かしたことがありません。たとえ一輪でもいいから、美しいものを飾る気持ちを持とうと自らに課している感じです。

「毎日、花を飾る」という行為は、簡単なようでいて、じつはとてもエネルギーがいることです。時間的にも精神的にも余裕がないと、花を買うという行動に結びつきません。

私は、ずっと家の近くのお花屋さんに通っています。会社員だったころ、元気なときは、どんなに荷物が多くても帰りが遅くても、「花を買って帰ろう」と思えました。一方、疲れて余裕がないときは、荷物が少なくても帰りが早くても足が思うように花屋さんに向かないということがありました。それはまさに私の心と体の疲れ具合を顕著に示す「バロメーター」だったのです。だからこそ、疲れているときほど、無理やりにでも花を買うようにしていました。花の美しさで負のスパイラルを逆に回してもらうよう、そのパワーに頼るのです。

そして、花を欠かさないもうひとつの理由。それは、花という「生き物」が自分自身の「老化」をシビアに教えてくれるから。新鮮な花は水が濁らないけれど、日数が経つと水を替えても2〜3時間で水に濁りが出てきます。毎日綺麗な水に替え、茎をこまめに洗ってぬめりを取り、先を切ってリフレッシュさせる、つまり丁寧に「世話」を続けると、ほったらかしにするよりも断然、花が長持ちする。そのたび、人間と一緒だなあと感じるのです。短い花の一生が私に様々なことを教えてくれて、豊かな気持ちにしてくれる。花は大切な存在です。

一輪でも花を飾ると、花屋に寄る、世話をする、そのエネルギーをかけた分以上の、パワーと楽しい気分をもらえますよ！

見えないところから掃除をすると空間も自分も浄化される

フリーになって、始めたことのひとつに、「目に見えないところの掃除」があります。会社員だったころは時間的にも精神的にも余裕がなく、目に見えるところを掃除するのが精いっぱいで手がつけられなかった、でもずっと心の中で気になっていたことでした。

本棚やベッドを思い切って動かしてみたり、冷蔵庫や洗濯機の後ろ側に手を伸ばしたり。実際、ほこりを取り除いて綺麗にしてみて気がつきました。見えない場所のはず、それなのに、空気がすかっと浄化され、明らかに空間の印象が変わるのです。あっ、そういえば、「家中、どこを歩いても真っ白な靴下の裏が黒くならない」というのが私の夢だったんだ……そう思い出して、定期的に床の水拭きも始めました。そして何より自分自身の心が浄化されていったのです。

さらには、見えないところの一部として、照明も見直しています。あまり気にしたことがなかったのですが、実際替えてみると、その差は歴然。空間がクリアになって、それまで光がいかにくすんだりぼやけたりしていたかを思い知らされました。明るくすると、少しでも暗かったことがわかる……照明を通して自分自身も空間も新陳代謝が必要だと痛感させられました。

ちなみに、自分らしい空間、そして心地いい自分は、自分自身で掃除やケアをしてこそ、初めて手に入るものじゃないかしら。ロボット掃除機やハウスクリーニングなどは忙しいときは助かりますが、やはり自分の手で掃除すると心もすっきりして、すっと楽になるものです。

バスタオルは一年で更新して、生活の「くたびれ」感を一掃

たとえば、バスタオル。どのくらい使ったら、処分していますか？　毎日使うものでありながら、すぐにはほつれたりしないし、色褪せやくすみにも気づきにくいもの。以前に比べればその質も進化しているので、どんなに使ってもぼろぼろになることがありません。それだけに、「更新どき」に困りますよね。

私は、一年に一度、自ら期限を設けて、処分をしています。ペットを飼っている友人に引き取ってもらったり、雑巾として活用したりと、きちんと感謝をしたうえで手放して、新しいものと交換しています。

新しいものを使うと、今まで使っていたものがいかにくたびれていたかに気づかさ

れます。そして、何より自分自身が新しくなったように、気持ちがリフレッシュするから不思議です。

時間に余裕ができた私は、下着もちょうどまとめて一新しました。すると、引き出しを開けたとき、それまでとは違う、わくわく感やときめきを感じるのです。やっぱり新しいものは「気」を持っているのかな、と感じます。

バスタオルも下着も、代謝させるのは、自分しかいません。ぼろぼろになるまで使うことが大切にすることとは限りません。もちろん、すべてを一度に替える必要はなく、予算に合わせて今回は一枚だけ、次はお金を貯めて順番に揃えよう……ひとそれぞれのペースでいいのです。少しずつ自分がリニューアルされる快感を味わうと、きっとそうしないではいられなくなるはずです。

食器と家具は「少数精鋭」で豊かな時間を

会社を辞めて時間的な余裕ができたので、それまで気になりながらもなかなか手をつけられなかった収納スペースを整理することにしました。そこで出てきたのが、ずっとしまい込んでいた食器。キッチンも食器棚も狭いし、来客もさほどないので、これはいつか大切なお客様がいらしたときに使おう、そう思って丁寧に箱に入れて、しまっていたものでした。じつは正直、ここにあることはおろか、存在さえも忘れていました。そして、はたと気づいたのです。大切なものこそ、普段の生活で毎日使おう。「少数精鋭」で暮らそう、と。

愛着のある食器だけにしたら、また新しいことが見えてきました。一枚一枚の食器を大切にすることで、毎日の料理がより美味しく感じられるようになりました。すると、その大切な食器からインスパイアされて、あれもこれもと作りたい料理のイメージが広がってきました。そうなると不思議なもので、今度はこんなお皿が欲しい、あんな小鉢が欲しいと、生活そのものが楽しくなること！

実は先日、私は『リチャード ジノリ』のイタリアンポアシリーズの器を定年のお祝いにいただきました。リチャード ジノリの代表的な柔らかなアンティコシェイプに野いちごとてんとう虫、水玉と可愛らしいモチーフが施されながらも、黒の縁取りでシャープさを感じるもの。実際使ってみると、洋はもちろん、筑前煮や肉じゃがなど和の食事にもぴたりと合う……食器が発想を自由にし、可能性を広げてくれたのです。

これからは、コーヒーが美味しく感じるデミタスカップを、ひとつひとつ違うタイプを見つけて、丁寧に揃えていきたいと考えています。食器を見直すだけで、こんなにも楽しいなんて。自分でも意外な発見でした。

実は、出番がなく、大切にしまい込んでいたヤコブセンのチェリーの椅子4脚と、ほとんど使っていなかったリビングのローテーブルを、欲しいと言ってくれた友人に譲りました。すると、思いのほか空間が広く感じられ、快適。食器も家具も、「少数精鋭」がこんなにも暮らしを豊かにしてくれるのだと、改めて実感しています。

「普段」の延長線上で人を招くことこそ、最高のおもてなし

私は、会社員だったころ、実は、オンとオフの切り替えがあまりじょうずでないタイプでした。平日は目の前の雑務に追われ、週末は週明けからの段取りを考える。つねに頭のどこかに、仕事のことが引っかかっていたのです。

だからでしょうか、近所に住んでいる気がねない学生時代の友人などを、自宅に招くのが精一杯でした。でも、精神的にも時間的にも余裕のできた今、改めて、ちゃんと人をおもてなししたいという気持ちが芽生えてきたのです。

だからといって、気張って大げさに、というつもりはありません。逆の立場で考えるとよくわかりますが、そのときだけスペースを綺麗にして、そのときだけ派手なご馳走を作っても、訪れた人は落ち着かないに違いありません。あくまで普段の延長線上、つまり、普段から部屋を整然と清潔に保っている、普段から丁寧に料理をしている……そんなふうに毎日をきちんと生きている人が、「いつでも遊びに来て」というスタンスで迎えてくれるのが、最高のおもてなし。その人が大好きな家具、大好きな食器に囲まれて、ありのままに気負いなく暮らしている空間にすーっと入っていけたら……？　それがいちばん、心地よく楽しい時間になるのではないかしら？

おしゃれなインテリアでなくてもいい、豪華な料理でなくてもいい、普段の延長線上でさりげなくもてなせる、そんな素敵な女性になるのが夢です。

その流行りの健康食品、あなたの「体の声」にこたえてる?

「綺麗になりたい＝健康になりたい」という意識が当たり前になりました。とても素晴らしいことだと思います。ただ、それが行きすぎて、情報や人に惑わされすぎてはいないかと心配です。

たとえば、ココナッツオイル。確かに、さまざまな効能や効果があるのは事実ですが、だからといって摂りすぎると、太ったり体のバランスを崩したりすることがあると聞きます。たとえば、低速圧縮のジュース。実際、栄養分や酵素を手軽にそのまま体に取り入れることが可能という視点では優れていると思いますが、一方で、時間をかける分、酸化したり、咀嚼しなくなったりとネガティブな側面もあるようです。

スーパーフードの習慣も、綺麗な人の真似も、まずは、自分の体が求めているかどうかをきちんと判断することが大切です。そのもの自体は栄養価が高く、ある人には合っていても、それがあなたにいい効果を生むかどうかは、また別の問題ですよね。

私は、いろいろと試した結果、「体の声に正直に」取り入れることがだんだんできるようになってきました。体は私たちが思っている以上にシンプルで高性能なのです。


そんな私が今、毎日を心地よく過ごすために取り入れている習慣。

まず、朝はスプーン1杯程度の低温搾取のオリーブオイルか亜麻仁オイルをトマトジュースに混ぜて飲んでいます。トマトに含まれるリコピンという栄養素は、良質なオイルと一緒に摂ることで、吸収がよくなるからです。また、MCTオイルに岩塩を混ぜたものをゆで卵につけて食べることもあります。良質なオイルは、体の酸化を防いだり、便通を整えたりするのに、欠かせません。自分の体質や好みに合ったオイルを選んで取り入れてみては？　そしてたっぷりの旬の果物も！

また、朝と夜、ミネラルウォーターをグラスに2杯飲みます。この習慣を始めてから、体の中も外も、潤うような気がします。

そして疲れた体をリセットするために最近始めたのが、「蒸し料理」。野菜を適当な大きさに切って、魚をのせて蒸し、ごま油、白ごま、だしをかけるだけ。手軽であることに加え、茹でるより栄養分がキープでき、余計な脂を摂らなくてもすむ……「一石三鳥」です。

自分の体の声に耳をすませて、自分に合った健康法を見つけることも、暮らしを楽にするために必要なことです！

第4章

Communication

自分も人間関係も楽になる
「俯瞰力が大人美人を育てる」

女性をスイーツにたとえると、人間関係がスムーズに

私は、身近にいる仲のいい友人からたまたますれ違った見知らぬ人まで、女性たちを「スイーツ」にたとえる「秘かな楽しみ」があります。シャープな印象の女性には、「食感がしっかりしてる、タルトみたい」とか、ラブリーな雰囲気を持つ女性には、「甘さが際立つ、エクレアみたい」とか、エレガントなムードを醸し出す女性には、「ふわっとしてて、スポンジみたい」といった具合に、その人が持つ個性をスイーツの美味しさに重ね合わせるのです。

これは、単なる「占い」のようなものではなく、いわば、人間観察。ファッションやヘアスタイル、表情や仕草……女性を観察するうちに、誰もがスイーツにたとえる

ことができると気がつきました。

この方法、実は人間関係を円滑にします。それは、苦手な女性でも、おいしそうなスイーツにたとえることによって、ネガティブな印象が薄れるから。その人が持つ可愛らしさに気づくことができ、魅力を発見することにつながるから。そして、女性たちは誰もが美しいと確信できるから。すると不思議なもので、相手に対して苦手なところが薄らいで、自分自身も楽になれるんです。

ちょっとした遊び心で続けていたら、魅力の発見を超えて、こうしたらもっと綺麗になれるのに、と考えたり、逆に教えられて自分磨きにつながったり……と、メリットがたくさんあることに気づきました。

私のオリジナルですが、スイーツのタイプ別診断とそれぞれを美しく見せるメイクアップについて考えてみました。138ページを参考に、ぜひトライしてみてください。

この人といると心地いい……。会話の秘訣は「3対7」

よく「会話上手な女性はモテる」と言われます。確かに、同性であっても、会話上手な女性には、不思議とまた会いたくなるもの。年齢を重ねるほどに、それが真実だと痛感します。

20代くらいまでは、学生時代の友達や、会社の同僚など同じ環境にいる人やライフスタイルが近い人たちと接することが多いでしょう。ところが、大人になるにしたがって、職業も年齢も異なるさまざまな人に触れる機会が増えます。仕事上も同じ会社の人だけでなく、どんどんおつき合いが広がるし、学生時代の友達も、働いている人働いていない人、結婚している人していない人、子供がいる人いない人と進む方向が枝分かれし、それ以外にも、たくさんの要素が絡み合って、同じような生き方をしている人がどんどん少なくなっていきます。だからこそ、会話力が人間関係をスムーズにするかぎになる。誰とでも上手にコミュニケーションが取れる人が素敵な女性と言われるのは、至極当然のことですよね。

長年、多くの人に接する広報という職業に関わった経験から、会話が魅力的な女性に共通したある法則を見出しました。それは、「3対7の法則」。つまり、自分の話は30％に留め、相手の話を70％聞くというバランスです。これこそが、相手が自分の話を聞いてくれたと心地よく思う、絶妙なバランスなのです。それは、会話の主役を常に相手に持っていくという、思いやりの表れなのです。

この法則に則った会話をする女性に惹かれる理由は、じつはそれだけではありません。相手の話を70％聞くことは、すなわち、会話を交わした時間の70％は、「想像力」を働かせているということです。相手の立場に身を置き、想像して、相手を尊重し、相手から学び、その会話で成長している……こういう女性は、年齢を重ねるほどに、どんどん魅力を増していく人に違いありません。

互いに相手の話を聞かず、自分の話を100％聞いてほしいと思えば、うまくいくはずがないのは、言わずもがな。また、互いに聞く気持ちを持ちながらも、自分の話50％、相手の話50％だと、「私は」「私は」と奪い合うように話したような気になることがあります。皆さんもそんな経験、ありませんか？

ちなみに、私自身の経験から、人の話題を自分の話にすり替えたり、大昔の話を持ち出したりするのも、配慮のなさを感じ、御法度だと学びました。

また、聞こえないのに相槌を打ったり、わからないのに聞き流したりするのは、聞き上手とは違います。聞こえないときは聞こえない、わからないときはわからないと相手に伝えることも、コミュニケーションには必要。相手に適当に合わせることが会話上手ではないと思います。

3対7の法則を思い浮かべながら、会話をしてみてください。次第に人間関係がスムーズになるのを実感するんじゃないかしら？　もちろん、仕事のときは、必要に応じて、5対5、7対3、はたまた9対1になることだってあるでしょう。臨機応変に対応することもまた、会話上手と心得たいものです。

「友達」か「仲間」か
それとも「知人」か……
整理できると楽になる

SNSが当たり前になってからというもの、誰も彼も「友達」と呼ぶようになりました。中には「会ったこともない」人を友達と呼んでいるケースもあると聞いて、最近の風潮には、驚かされるばかり。友達の定義をはき違えている人が多すぎませんか？

ひとつの「何か」を目標にしたり共有したりして一緒に活動している人のことを「仲間」と呼びます。たとえば、会社の同僚もそう。ただ、もし、その共通の何かが、仕事の愚痴や上司の悪口だったとしたら、その結びつきはとても希薄で脆弱《ぜいじゃく》。仲間立場が変わったり環境が変わったりしただけで、関係は簡単に終わるでしょう。

は、その何かを失った時点で、すぐに消えるものなのです。

でももし会社の同僚と、仕事を通して志をともにし、信頼し尊敬し、生き方にいい影響や刺激を与え合う関係になれたなら、それは仲間から、「友達」へと進化するでしょう。

ただ、SNS上でコンタクトを取ったり、表面的な会話をしたりする程度の関係だとしたら、それは単なる「知人」。決して友達とは呼べないと思います。

友達は、そう簡単には作れないものです。関係を作るまでには時間がかかるだろうし、関係を維持していくためには甘えすぎない、頼りすぎないなど、それなりの努力も必要です。時間をかけて努力をして、自分自身も成長しながら丁寧に絆を作るからこそ、友達だと思うのです。

友達か仲間か、はたまた単なる知人なのか。その差を認識し、わきまえている人は、人として女性として、とても深みや重みがあると思います。

一方で、いわゆる友達が増えたことによるトラブルやもめごとも耳にします。でもそれはまさに、何でもかんでも友達として位置づけようとした結果生じたこと。真の友達ではないからこそ、ちょっとしたことで戸惑ったり落ち込んだり傷ついたりするのです。まわりの人たちとの関係を見直して、整理してみてください。それだけできっと、気持ちが楽になり、人間関係に一喜一憂しなくなるのではないでしょうか。

逆説的に考えれば、真の友達は、環境や立場、経験や価値観、年齢や性別、国境さえも超えるもの。たくさんでなくていい、たったひとりでもいい、すべてを超える存在がいる人は、魅力的なのです。

同じ言葉でも跳ね返すと「否定」、受け止めると「意見」

「人がたとえ違うかなと思うようなことを言ったとしても、一度は『そうかな』と受け止めてみなさい」。私が若いころ、母に言われた言葉です。それからあまり、気に留めていなかったのですが、社会人になって、この言葉の意味が改めてよくわかりました。

自分の考え方と違うと感じたときや、相手が間違っていると感じたときなどに、どのような態度を取るかで、その人の「度量」や「能力」が試されます。「そうは思いません」「それは間違っています」と跳ね返すと「否定」になり、発展的な議論にはなりません。互いに主張し合って、不満を抱えたまま、平行線を辿るでしょう。

一方、同じ状況でも、一旦「そうですね」と受け止め、ワンクッション置いてから、「ところで、私は……」と違う立場を示すと、たとえ同じ内容を伝えたとしても、それは「意見」になります。議論を重ね、どちらかが折れるのか、折衷案を導き出すのかはわかりませんが、いずれにせよ、互いに納得する形に落ち着くはずです。

その後の関係も変わってくるはずです。前者は、どこかわだかまりが残り、互いが苦手な存在になって関係がぎくしゃくしてしまうこともあるでしょう。後者は、それをきっかけに理解が深まり、さらに信頼し合える存在になって、それまでよりよい関係になることもあるのではないでしょうか。

ワンクッション置くという気持ちの余裕を持つこと。そうすれば、仕事でもプライベートでも、人間関係がもっとスムーズになるはずですね。

目指すべき女性像は、「ぶどう」か、「くるみ」か

魅力的な人の「心の質」は、ふたつに分かれるとずっと思っていました。

穏やかでしなやか、すべての人を柔らかく受け止めながら、その奥には強い芯を持っていて、揺るぎない人。皮も果肉も柔らかいけれど、中に硬い種がある……たとえるなら、「ぶどう」のような人です。

毅然としていて、場合によっては近寄りがたいと思われがちだけれど、一度打ち解けると、じつは温かくて優しい人。外側の殻は硬いけれど、中の実はほどよく柔らかい……たとえるなら、「くるみ」のような人です。

そう思って人を観察してみると、とても興味深いもの。どちらも、自分の意志をき

ちんと持っていながら、まわりの人とも丁寧な関係を築いていく素養のある人だから、とても魅力的なのです。

全部柔らかい、全部硬い……では、大人の女性としての魅力に欠けると思います。しなやかさと揺るぎなさを兼ね備えた人が素敵ですね。さあ、あなたはどちらのタイプを目指しますか。

たかが「挨拶」が、自信と余裕を生む

最近、些細なことを気にしすぎる傾向にあると聞きました。これもＳＮＳが生まれてから、より顕著になった問題なのでしょうか。噂になっているんじゃないか、悪口を言われているんじゃないか、嫌われているんじゃないか、仲間外れにされているんじゃないか……と気にして、振り回されたりびくびくしたり。

もちろん、どんな立場であっても、私たちはまわりを少なからず気にしながら生き

ています。まわりとつながって初めて、社会的な生活ができるのですから、それは当たり前のこと。でも、必要以上に気にするのは、ナンセンス。しっかり自分を持っていれば、一線を引くことができると思うのです。

その一線を自ら引くために心がけるべきは、ずばり「挨拶」です。会社の同僚であっても、子供の母親仲間であっても、もちろん近隣に住む人たちであっても、自ら挨拶をして最低限のコミュニケーションを取れば、「すべきことをしている」という自信が生まれます。礼節を守ることで、自分が揺らがなくなるのです。

同時に、相手の目を見て声を聞いて言葉を交わすことで安心感が生まれ、自分に対してどう思っているかを必要以上に気にしなくてすみます。

最近、毎日顔を合わせているのに、なぜか直接話さないで、メールやラインで会話をするという話をよく聞きます。それどころか、「おはようございます」や「お先に失礼します」などといった挨拶さえしない人が増えていると聞きます。SNSは、コミュニケーションのツールとしてはとても大切だし、計り知れないメリットを持っていると思いますが、あくまで自分が「支配」する立場でないと、いけないと思います。基本はフェイス　トゥ　フェイス、一定の距離を保って、上手に利用すること。

たかが挨拶、されど挨拶。今という時代だからこそ、改めて見直したい原点じゃないかしら？　挨拶ひとつでぐんと人間関係が楽になるのなら、どんどん挨拶しちゃいましょう。

「態度を変える」「謝れない」こんな女性はキレイになれない

会社員として働く間に、さまざまな女性たちと触れ合ってきました。そこで気づいたことがあります。それは相手によって「態度を変える」人、自分に非があっても「謝れない」人は、決して綺麗になれないということです。

私やほかの人にはすれ違っても会釈もないのに、上司に対しては満面の笑顔。そんな女性が、まわりにいませんか？　自分の立場だけを考えて、損得勘定をし、地位の高い人や肩書のある人になびくこと、そしてそれをあからさまに態度に表すことほど、醜く浅ましいことはありません。

一方で、働いていると、多かれ少なかれ、誰もがミスをしたりトラブルを起こしたりすることがあります。そんなとき、自分に非があるとわかっているのかいないのかはわかりませんが、「謝る＝負ける」という意識があるらしく、素直に謝れない人がいます。それどころか、言い訳をしたり、人のせいにしたりして自分を正当化する始末。きっぱり非を認めてきちんと謝れる人こそが、成長できる人。二度と同じミスを繰り返さず、それを機に成長できるのは、素直に謝れる人なのです。

態度を変える人も謝れない人も、どちらも、自分自身を客観的に見つめることができないという共通点があります。だから、まわりから信頼されない、愛されない、だから健全な人間関係を築けない……。こんな女性は、いくら表面を取り繕っても、思わず引き込まれるような表情の美しさは生まれないのではないかしら。決して綺麗になれないと断言できます。

心の「扉」を少し開けておくと人間関係が楽に

会社員だったある時期、上司や同僚が人事異動などでドラスティックに替わったことがあります。外資系企業では珍しくありませんが、年齢も国籍もいろいろ、経歴も経験もさまざま、もちろん、仕事に対する考え方もその進め方もそれぞれ異なる……。新たなメンバーに対して、「なぜ、そんなふうに考えるの?」「あの人、違うんじゃない?」と心の中で呟きながら、それまでのように「阿吽《あうん》の呼吸」で仕事ができないことに正直、苛立っていました。でも、それを繰り返すうち、はたと気がついたのです。自分は正しい、自分がスタンダードと思っていたけれど、そうじゃないのかもしれない。もしかして、間違っているのかもしれない。そういえば、私は、気の合う人、心地いい人だけを求めていたような気がする。そのうちにどんどん視野が狭くなり、頑固になっていたのではないか。今、この状態に「メスを入れる」ことが、大切だと……。私にとって、これが、自分の可能性を広げる大きな分岐点でした。

主観は100人いたら、100通り。私が相手に対して「違う」と感じるときは、同時に相手も私に対して「違う」と感じています。だからといって、互いに突っぱねてばかりいたら、そこには発展などありえません。人が変わらないなら、自分を変える。反対意見こそ柔らかく受け入れる。「自分は完璧ではない」という視点に立ち、「私が違ったのかな?」と柔らかく考えるだけで心が軽くなり、新しい発見があったり違うアイディアが浮かんでくることがあるもの。皆違ってよいのだ、という前提に立てば「多様性」を理解でき、心が楽になる。すると、自分の可能性がどんどん広がる。相手が外国人や若い人など環境や世代が違う人ほど、思いもしない斬新な発想をたくさん持っているということにも気づきます。そう、何でも受け入れる柔軟な姿勢こそが、自分も人間関係も楽にするかぎ。いくつになってもチャンスを逃さない秘訣なのです。「どうせわかってくれない」「この人とはつきあわない」「私は私」、大人になるほどに、心の「扉」をぱたんと閉めがちです。私も無意識のうちにそうなっていました。だからこそ、意識的に扉を少し開けておくべき。すると風通しがいいから、心地いい空気や音、香りも逃さない……結果、人生が豊かになるはずです。

他人の短所を許し認めると、いい空気が回り始める

「『雅量』がある人になりなさい」。20代のころ、上司が教えてくれた、私の大好きな言葉です。

雅量とは、心のキャパシティのこと。「他人の短所を許し、認める人になりなさい。それだけの『雅量』を持てば、生きるのが楽になるから」とその上司は言いました。年齢を重ね、経験を重ね、この言葉の深さを改めて実感しています。

人生を振り返ってみると、苦労や困難など「うまくいかない」ことを経験し、それを乗り越えることで、それまで嫌悪感を持っていたことが理解できたり、それまで難しくて不可能と決めつけていたことが容易《たやす》く感じたりと、そのたび自分のキャパシテ

ィが少しずつ広がり、自信や余裕につながったのを感じます。すると、不思議なもので、まわりの人への見方が柔らかく変わった。そして、まわりとの関係がよりスムーズになり、楽になるのを感じたのです。

これこそが雅量。他人の短所をあげつらう前に、他人を認めるという雅量を持つ努力をすることが大切なんだと実感しています。

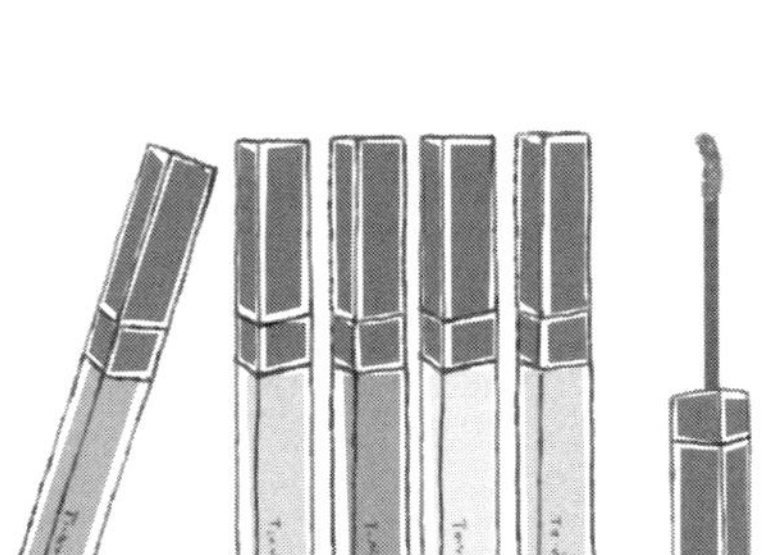

「華のある人」と「派手な人」は、似て非なるもの

「派手な人」には、今すぐなれますが、「華のある人」には、一朝一夕にはなれません。「派手」は表面的でわかりやすい「装い」や「行動」や「態度」を指すけれど、「華」は内面から滲《にじ》み出てくる「奥行き」や「ニュアンス」や「オーラ」を指します。「派手な人」とはあまり言われたくないですね。でも、「華のある人」と言われると、どんな褒め言葉より嬉しい……。

このふたつは、同じような意味合いに捉えられることがありますが、じつはまったく別物。それを分けるのは、ずばり「品格」と「清潔感」です。

たとえば、年齢を重ね、肌や存在に艶がなくなったと感じたとき。失った分、足り

ない分を何かで補おうと、「計算」や「調整」をすることなく、軽率に大振りのものや光沢のあるものに頼ると、途端に派手な人になります。自分自身を客観的に観察し続けている人は、不足分を補うときに、自分のよさを引き出すと同時に、大人としての嗜みやまわりの人に対する思いやりを持って見え方の加減を整えています。そう、華は努力の積み重ねの先に、初めてできあがるもの。これこそが、人としての品格、生き方の清潔感なのです。

自分がどう見えるか、きちんと知る目を持ちましょう。観察をして、計算したり調整したりと小さな努力を積み重ねましょう。華はあとからついてくるものです。

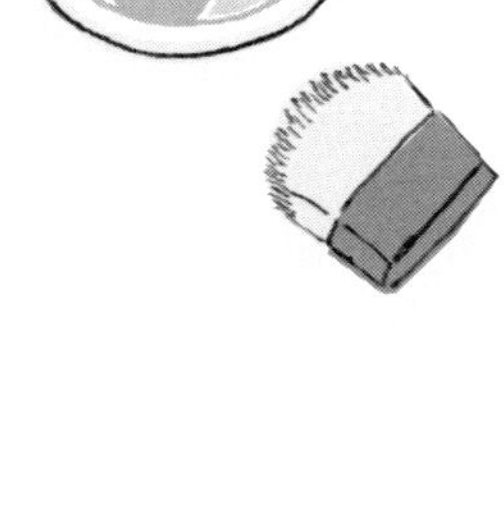

女性らしさを目指すことがアンチエイジングに

働いているうちに、女性が「男性化」すると言われることがあります。仕事上は、論理的でなくてはならないし、直観力や決断力が問われることもしばしば。どちらかというと「男性脳」が求められるからなのでしょう。すると、不思議なことに、性格や態度まで男性的になって、ある意味「ドライ」になる人がいます。

仕事のシーンだけではありません。どんな人間関係においても、女っぽい＝粘着質だとか、意地悪だとかと、ネガティブに捉えられるからでしょうか。あえてさばさばと男っぽく振る舞う、ドライな女性が増えたようです。最近では、「男っぽい」が褒め言葉になっていると聞くから、驚きです。

若いときは、男っぽい＝クールでかっこいいと、素敵に見えるかもしれません。ただ、年齢を重ねると、無愛想に見えたり、がさつに見えたり、ふてぶてしく見えたり。女性としてはあまり魅力的に映りません。それはまさに、ドライ＝乾いていることだから。乾いている女性、つまり、潤いや艶、弾力のない女性には、品格も色気も感じられないのです。

肌も体も、気持ちも態度も、ドライになることは、すなわち老化です。

年齢を重ねてなお女性らしい、そのほうが、断然、褒め言葉じゃないかしら？　だから私も、もっと柔らかく、もっとみずみずしく……女性らしさを目指し続けます。

日常の一コマ、ごみの出し方が大切な理由

今日もできなかった、今日もまたできなかったと毎回猛省しながら、未だに母のようにはできないでいます。それは、「ごみを綺麗に出す」ということ。

母はいつも、時間をかけてごみを驚くほどコンパクトな俵形にまとめ、綺麗に整えて、出していました。

「ごみを収集してくださる方のことも考えて。ごみを肩に担いだとき、顔の真横にごみがあっても頬ずりできるくらい、綺麗に出すべきよ」

ごみに頬ずりするのはさすがにどうかと思い、いかにも母らしいなと笑ってしまうのですが、それが人に対するリスペクトであり、相手のことを思う最低限の礼儀だと

気づきました。つまりは、ごみの出し方で人の品格がわかると、母は口を酸っぱくして私に言っていたのです。

それだけではありません。たとえば、プレゼントの開け方。心から喜び、感謝をしていれば、丁重に扱い、綺麗に開けるでしょう。ばりばりと破って開けるなどできないはずです。たとえば、宅配便の受け取り方。暑い中、寒い中、ありがたいという気持ちがあれば、「ありがとうございます」のあとに「お気をつけて」というねぎらいのひと言が自然と口をついて出るはず。

どんな人にも起こりうる、日常の何気ない一コマ。そのとき、どんな態度を取るかで、その人の品格が決まるのだと、痛感させられています。努めて意識をしましょう。相手との関係においての損得ではなく、相手へのリスペクトはあるか、それは、礼儀を尽くしているか、とつねに自分に問いかけながら。ただ、意識をしているうちは、まだ本物ではありません。意識を積み重ね、無意識でできるようになったとき初めて、品格が自分のものになっているのです。

「貫録」のある女性に憧れます

私は、「貫禄のある女性」に憧れています。

「貫録」というと、傲慢でふてぶてしい態度を指し、揶揄《やゆ》する言葉として使われてはいないでしょうか？　女性に対して使われるときは特に、ずけずけものを言い、まわりのことを考えず、自分自身がいちばんという言動を取る人、そんな自分勝手で強引で横柄な人といったネガティブなイメージがつきまとう気がします。でも、本来はまったく違う意味。とても素敵な言葉なのです。

「貫録」という言葉を辞書で引いてみると、「身に備わっている威厳。身体・人格・態度などから感じられる人間的重みや風格」とあります。つまり、知性や品格が備わっていないと、貫録は生まれません。

自分自身を知り尽くしているからこそ、自信を持った発言ができる。人生の経験を積み重ね、苦難を乗り越えることで、パワーやキャパシティを増している、揺るぎない人……それがまわりから見たときに、貫録がある人と映ります。たとえば、アナウンサーの有働由美子さん。私は大好きなのですが、自分自身の軸があり、ぶれていないからこそ、いい意味で軽口をたたいたり、羽目をはずしたりもできる人だと想像します。年齢でもない、肩書でもない、もちろん男女の別でもない。そう、貫録とは、今まで積んできた経験とその人らしい生き方が見える、オーラなのです。

だからといって、貫録をつけることを目的にするのは大間違い。貫録とは、日々小さな努力を重ねることで生まれるオーラのことです。そのオーラが、ある日他人から貫録のある女性と認められることにつながると思うのです。

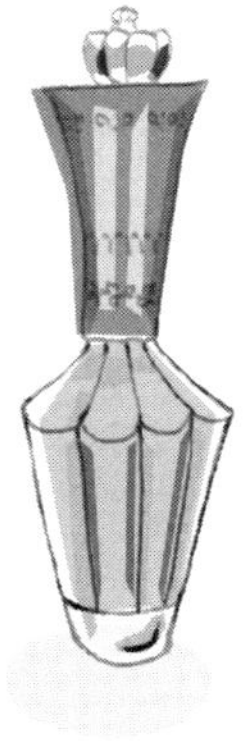

苦手な「変化」を楽しむしなやかさを

人間は、本質的に、もっとも変化が苦手な動物なのだと言います。特に、農耕民族だった私たち日本人は、一定の場所に身を置き、同じ毎日を繰り返すことに慣れているからか、よりその傾向が強いとも言われているそうです。そのほうが、安心だから。そのほうが、安定した自分でいられるから。変化に対して、身構え、ガードを固めるのです。

ただ、それでは、人生がマンネリ化し、またそれが楽に思えて、そこに留まることが当たり前になると、発見や成長を妨げてしまうことになりかねません。じつは、変化を楽しめる人こそが、進化する人。怖がったり嫌がったりせず、何でも受け入れて、まずはやってみようと思うことが、結果はどうであれ、発見のきっかけになったり成長の糧になったりするのです。つまり、変化がスイッチとなって、自分を見つめ直すことにつながり、長所も短所も含めて客観的に確認できる機会になる。そう、変化は、意識改革の最大のチャンスなのです。

外資系の企業にいると、日々、変化の連続です。それは、「ダイバーシティ（多様性）」の典型だからこそ、変化を受け入れない人は必要とされない、いい意味でも悪い意味でも、容赦のない世界でした。そんな環境で過ごす中、確信したこと。いずれにせよ、変化に対応しなければならないのなら、考え方や姿勢を180度変えて、それを楽しむべき。そして、楽しむためには、ぶれない価値観を持たなくては、と。

自分なりの価値観が確立されていないうちに変化に晒《さら》されると、まわりに振り回されたり、自己否定につながったりするもの。それでは、単に、相手の顔色を窺って、何でもはいはいと言うだけの頼りない人になってしまいます。何より大切なのは、自分の軸は決して曲げずに、柔らかさとしなやかさを養うこと。いざというときに折れたりつぶれたりしない、「打たれ強い」人になること。そうであれば、ときに流されてもいい。きっと自分自身を解放できる、つまり自分を楽にできることになります。

打たれ強い人は、それだけ柔軟性とキャパシティがあるということ。魅力的なのは、そのためなのです。どうすればそうなれるか、私もまだまだ迷走することはあるけれど、軸は意識すればできてくるもの。変化に振り回されそうになったとき、自分の軸はどこだろうといつも立ち止まれるようになると、だんだん軸はできてきます。身体の体幹を意識して鍛えるのと同じじゃないかしら。

もうひとりの自分が自分を見つめる、「俯瞰力」を養う

素敵な大人とは、ずばり「俯瞰力」のある人のこと。私はそう確信しています。「俯瞰」とは、高い所から見下ろすように、全体を上から見ること。つまり、ここで言う俯瞰力とは、他人が自分を見るように、自分で自分を見つめる力のことです。

その言葉は？　その行動は？　この話し方、この歩き方はどうだろう？　今、間違っていない？　恥ずかしくない？　自分は心地いい？　人を不快にさせていない？と一つ一つ自分に問いかけ、アジャストしたりコントロールしたりする。自分自身が自分の「メンター（指導者、助言者）」になれる力がある人は、どんどん磨かれ、美しくなっていくのです。

誰しも、親、先生、上司といった年上の人、パートナーや友人といった身近な人などのメンターに出会いながら、成長していくものです。ところが、年齢を重ねるほど、寂しいことに、そのような存在が少なくなっていきます。しかも、「言いづらい」と思われて、直接指摘されたり助言されたりする機会が極端に減るのです。

また、最近では、メンターに出会えていない若い世代が増えているのではないでしょうか。それは子供を叱れない親、生徒を叱れない先生、部下を叱れない上司が増えていることも大きな原因。さらには、すべてを勝ち負けで判断する社会だからでしょうか、甘えたり弱音を吐いたりすることがしづらくなっているために、そもそもメンター的存在を求めていないのも原因のひとつでしょう。

さらには、女性の場合、見た目の老化という壁が加わります。ほったらかすと汚らしくなる、抗うと痛々しくなる、その間に存在する、自分もまわりも心地いい、絶妙な美しさを養うためにも、自分が自分のメンターになるべきなんだと思います。

意識している自分が無意識の自分を戒めたり励ましたりする、俯瞰力を鍛えましょう。俯瞰力は、人間として、女性として、社会人として、すべてにつながる能力。そして、美容にもファッションにも通じる能力に違いありません。

弱点や苦手意識と大らかにつき合うと自分を楽にできる

私は、緊張すると、眠れなくなるタイプ。特に、ＰＲの業務の中でも、もっとも重要な仕事のひとつである新製品発表会の前になると、１週間ほど前から精神が高ぶり、身構えてしまうのです。

眠れない原因は、準備不足に対する不安ではありません。「眠れない」ということに対する恐怖。眠れないと、頭がぼーっとしてクリアじゃなくなる、すると、言葉が出てこないのじゃないか、伝えなくてはならないことが伝えられないのじゃないか。何より、眠れないために、発表会が台無しになってしまったら、会社に申し訳が立たない……。そう思うとプレッシャーになり、眠れないこと自体が怖くなるのです。

特に発表会の前日。今日は早く帰ろう。食事も早くすませ、お風呂も早く入ろう。10時には、ベッドに入ろう……。精一杯、眠るための努力はするのですが、そうするとさらに緊張が高まります。どんなに早くベッドに入っても、あっ、12時、あっ、3時、夜が明けてきた……結局、仕事を辞めるまで、30年もの間、ずっと克服できませんでした。

ただ最後の10年間は、無理に「眠れない自分」を変える方法を見つけようとは思いませんでした。これが自分、これが運命。こんなものだと思って、眠れない自分とつき合おう、弱点に寄り添おう。どこかでそう、腹を括《くく》っていたのです。

誰にでも弱点や苦手意識はあります。克服できれば理想的ですが、思い悩みすぎると、自分を追いつめて、精神的にも肉体的にも参ってしまうことがあると思うのです。俯瞰力を持って、自分を見つめ、弱点や苦手意識も含めて私、と大らかに認め、とことんつき合うこと。弱点や苦手意識に寄り添うことも、ときに自分を応援することにつながるはず。大人になればなるほど、自分を生きやすくするのも、自分の役割なのですから。

ポジティブになると、謙虚になれる

第3章でも触れましたが、私は会社員時代、オンとオフの切り替えが苦手で、うまくできる人をうらやましく思っていました。だから、失敗して落ち込んだり、思い通りにいかなくて憂鬱になったりと「負の感情」を持つと、週末をまたいで翌週まで引きずるということも多々ありました。

ただ、決して暗くなったり陰湿になったりしていたわけではありません。負の感情を持ったときは、とにかく親しい友人に「まったくもう」と明るく話して、内側にこもったストレスを発散させる。話すことによって、自分の考えを整理できるし、友人に言われたひと言でなるほどと発見や納得につながることもあります。

そして、心の中の約束事として自分に言い聞かせているのは、「日はまた昇る」とポジティブな気持ちを持つこと。どんなに大変でも、やるしかないと前に進む覚悟を決めておくこと。

たとえば、誰かとトラブルになったとき。自分は悪くない、自分は正しいと、相手ばかりを非難したり攻撃したりし続けると、余計なエネルギーを使うのみならず、負のスパイラルに陥り、出られなくなって、いつまでも引きずることになりかねません。

一方で、必ず解決すると信じて、前に進む覚悟を決めていると、不思議なことに、「もしかしたら、自分も悪かったのかもしれない」と反省につながります。どんな出来事にも、さまざまな側面があるもの。自分の立場で捉えると、相手に100%非があるように思えても、視点を変えただけで、こちらにも非があると気がつく。ものごとに100対0はそうそうありえないのだと気がつくのです。すると、上手に諦めたり妥協したりしながら、臨機応変に立ち回ることができ、前に進むことができます。

私がこのような考え方に至ったのは、仕事上のいろいろな経験を通じて、試行錯誤し、「訓練」されたから。いや、仕事だけでなく、あらゆる経験がすべて訓練につながっていたのだと思います。

生きている限り、負の感情をなくすことはできません。だからこそ、経験を積み重ねて、それらとうまくつき合う自分なりの方法を見つけることがとても大事です。そのためにも自分を信じて前を向くことが、何よりの力になり、自分を楽にすることになるはずです。

年齢や性別を超えて愛されるのは、「可愛げのある人」

年齢や性別に関係なく、「可愛げがある人」は、まわりから愛されます。しかも、上司にも部下にも、女性にも男性にも、どんな立場や関係の人にも愛されるのです。

「可愛げ」とは、態度や言動に滲み出る、内面の魅力を指します。若いからといって可愛げがあるとは限らないし、逆に、ずっと年上の人でも、地位の高い人でも、可愛げのある人がいるのを、私たちはよく知っています。

可愛げとは、人間関係においても、仕事に対しても、素直でしなやかな姿勢を持っていることの証として生まれるものだと思います。肩肘を張ってまわりの意見を聞かない人、自分の考えこそがすべてと頑固な人、逆に自分の意志がなく、まわりに流されてばかりの人に、可愛げは感じられないはずなのです。

素直になること、しなやかになること。一生愛される人になるために。

Column 2

人間関係も楽になる スイーツタイプ別メイクアドバイス

このチェックテストで、あなたに合うメイクの参考に。
また、あなたの周りの人がどのタイプか想像しながら読んでみて。
どんな人でも、必ずかわいいポイントをみつけることで、
人間関係もよくすることができます(P102参考)。
次の質問に一番近いものを選んで、A、B、Cの数を数えてください。

チェックテスト

Q1 あなたの顔形で近いものは?

- A. 逆三角、ベース形、または四角顔
- B. 丸顔
- C. 面長

Q2 今までの髪の長さで多かったのは?

- A. ショート
- B. セミロング以上
- C. ミディアム

Q3 よく着る洋服の色は?

- A. 白や黒などはっきりした色にヴィヴィッドなさし色
- B. ベージュや淡めの色
- C. 黒や紺、グレー

Q4

よくつける アクセサリーは?

- A. 細めのネックレスやブレスレット
- B. 華やかなネックレスやイヤリング、ピアス
- C. パールなど定番の清楚なもの

Q5

長い休暇が とれたら 行きたいところは?

- A. おいしいものがあるところで食べ歩き
- B. ヨーロッパなど海外の都市
- C. 海辺のリゾートでのんびり

Q6

インテリアの テイストで 好きなのは?

- A. 北欧風のシンプルなインテリア
- B. ミッドセンチュリーの要素のある部屋
- C. イギリスアンティークなどクラシック調

Q7

よく読む本は?

- A. ビジネス書や自己啓発本
- B. エッセイや美容本
- C. 小説や絵本や写真集

Q8

あなたの 体のラインは どれに近い?

- A. 骨っぽく筋肉もついている
- B. ほっそりめで華奢《きゃしゃ》
- C. 丸みがあって女性らしい

Q9

次のスポーツのうち、自分がするとしたら？

- □ A. ジョギング、水泳、乗馬
- □ B. テニス、ゴルフ、スキー
- □ C. ヨガ、バレーボール

Q10

次のスポーツのうち、見るのはどれが好き？

- □ A. フィギュアスケート、駅伝
- □ B. 野球、サッカー
- □ C. テニス、ゴルフ

結果

一番多い数が2つになった人

両方の要素があると思うので、両方のメイクポイントを読んで、やってみたいところを取り入れてみて

C が一番多い人

スポンジタイプ

B が一番多い人

エクレアタイプ

A が一番多い人

タルトタイプ

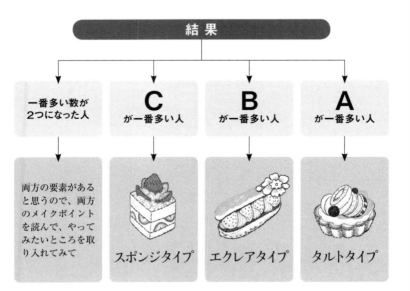

おすすめメイクポイント

A タルトタイプ

シャープな印象のタルトタイプは、口元がポイント。マニッシュな雰囲気もあり、それが口紅をきちんと塗るとほどよく引き立ちます。マットな質感を選ぶとよりかっこいい感じに。眉やアイラインもくっきりと描きましょう。ただしチークは控えめに。

B エクレアタイプ

ラブリーな雰囲気のエクレアタイプは、チークが重要。しっかりつけましょう。目元のメイクもややしっかりめに。流行りのシャドウや、パールやラメで目元を華やかに。その分唇はベージュのグロスで色はおさえて、艶感を。

C スポンジタイプ

エレガントなムードのスポンジタイプは、肌を美しく見せるのがコツ。ファンデーション選びにはこだわってみて。パーツはアイメイク、チーク、唇と全体的にバランスのいい力加減で。寂しくなりがちなので、唇かチーク、どちらかに華やかな色を。

おわりに

小さな心がけを丁寧に積み重ねれば、生きるのが楽になる！

私はちょっと、おせっかいなのかもしれません。あと少しここをこうしたらキレイになれるのに……。なんて、見ず知らずのお嬢さんにアドバイスしたくなったりします。そんな「思い」が本になりました。

でも、まだまだ「言いたいこと」がたくさん。

最後にひとつだけ、大好きな女性のこと。友人のお母様は、毎朝、必ず体操をしているそうです。しかも、もう何十年も続けているのだとか。「将来、子供たちに迷惑をかけたくないから」、それが理由なのだと言います。そのお母様の美しさと言ったら！　見た目も心も若々しくて、感動すら覚えるほどなのです。肌のお手入れが一番の楽しみなのだということもうなずけます。

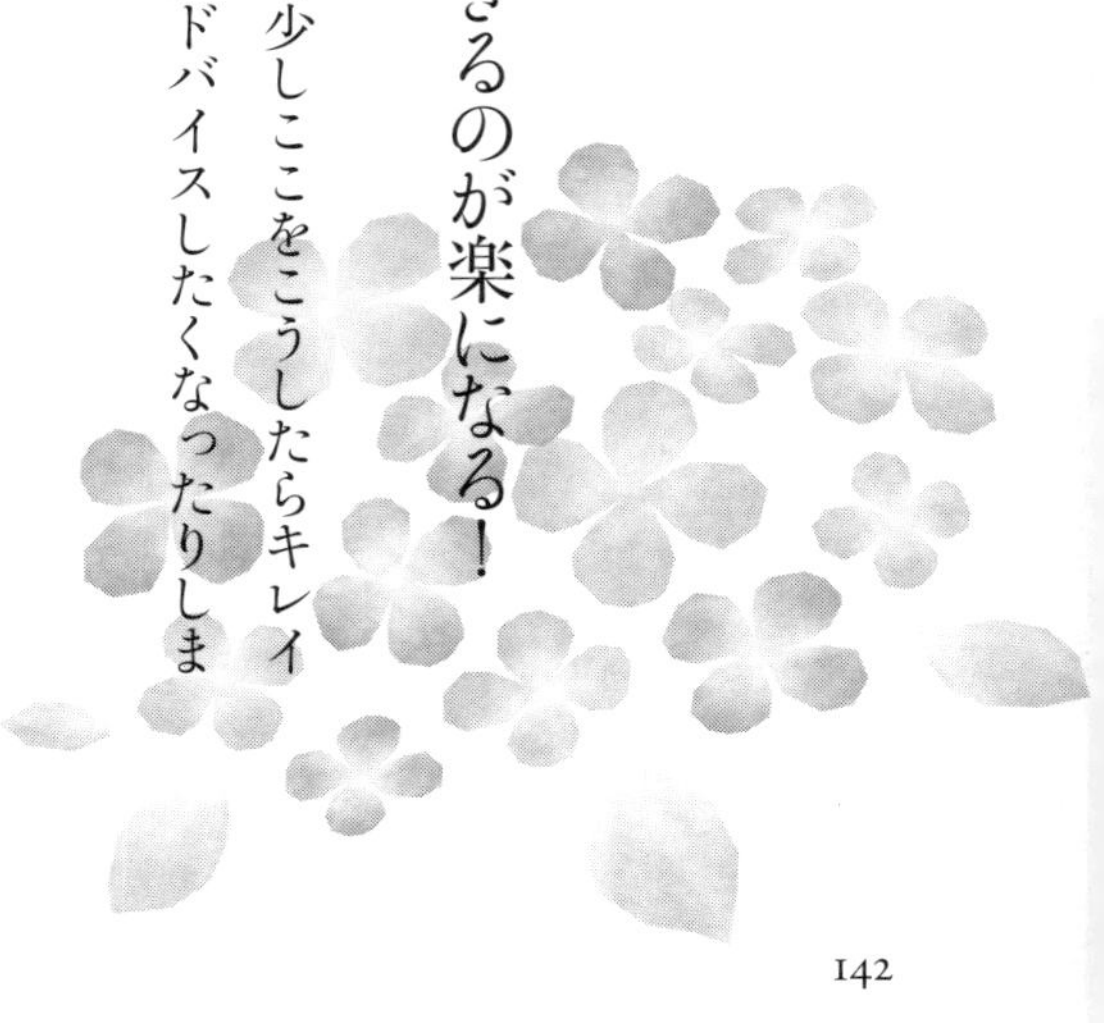

私が尊敬し、憧れている年上の美しい女性に共通しているのは、「継続」です。決して大げさなことじゃない。いわば当たり前のことを、日々きちんと続けているのです。彼女たちの存在に励まされ、その美しさを目標に、私も小さな気づきと小さな心がけを積み重ねていきたいと思っています。

60歳は、私にとって「リボーン」の年。もう一度ひとりの人間、女性として生まれ、新たな人生のスタート、そんな気分です。この年齢だからわかること、伝えたいことが、ひとつでも皆さんの気づきや心がけにつながるヒントになれば、こんなに嬉しいことはありません。

この本を手に取り、最後まで読んでくださった皆さんに、心から感謝いたします。本当にありがとうございました。最後に出版にあたりお世話になった講談社の須藤寿美子さん、ライターの松本千登世さん、イラストレーターのカヨアイバさん、オビに言葉をいただいた齋藤薫さんはじめ、この本に関わっていただいたすべての人に心より感謝申し上げます。

二〇一六年八月吉日

鈴木ハル子

鈴木ハル子（すずき・はるこ）
1956年生まれ。
トータルビューティアドバイザーとして、
美を通じて豊かな人生を過ごすための提案をしている。
外資系化粧品ブランドの広報の責任者として
長年務め、2016年4月に定年退社。
定年後もその腕と人柄がかわれ、企業からも引く手あまたの中、
アドバイザーとしての仕事を始め、的確な指摘とアドバイスが好評につき、
口コミで顧客も広がっている。雑誌の連載や記事などでも活躍中。
美容はもちろん、企業でスマートにビジネスをこなしてきた経験にもとづく
人間関係や心の持ち方などのアドバイスも人気。

装丁・本文デザイン　内藤美歌子（VERSO）
撮影　玉置順子（t.cube）
ヘア＆メイク　レイナ
イラスト　カヨアイバ
企画・構成　松本千登世

大人《おとな》は「近《ちか》目《め》美《び》人《じん》」より「遠《とお》目《め》美《び》人《じん》」

2016年8月25日　第1刷発行

著　者　鈴木《すずき》ハル子《こ》

発行者　鈴木 哲
発行所　株式会社 講談社
〒112-8001 東京都文京区音羽2-12-21
電話 編集 03-5395-3527
販売 03-5395-3606
業務 03-5395-3615

印刷所　慶昌堂印刷株式会社
製本所　株式会社国宝社

ISBN978-4-06-220149-0